# 現代文解答力の開発講座

霜（しも）栄（さかえ） 著

## ▷解答欄ノート

要約解答欄・設問解答欄・ワークシート

駿台文庫

解答用紙は各 Lesson につき２回分ずつ用意されています。「本書の利用法」に従って、１回目・２回目の解答を作成しましょう。

## ◆自己採点表

３回目は復習用です。得点分を塗り、達成度を確認しましょう！

| Lesson | 回数 | 得点 10 20 30 40 50 | | 学習日 |
|---|---|---|---|---|
| Lesson【1】<br>空欄補充の解答力<br>（p.3） | １回目 | | 点 | ／ |
| | ２回目 | | 点 | ／ |
| | ３回目 | | 点 | ／ |
| Lesson【2】<br>抜き出し・脱文挿入の解答力<br>（p.7） | １回目 | | 点 | ／ |
| | ２回目 | | 点 | ／ |
| | ３回目 | | 点 | ／ |
| Lesson【3】<br>指示語・傍線部説明の解答力<br>（p.11） | １回目 | | 点 | ／ |
| | ２回目 | | 点 | ／ |
| | ３回目 | | 点 | ／ |
| Lesson【4】<br>比喩・内容一致の解答力<br>（p.15） | １回目 | | 点 | ／ |
| | ２回目 | | 点 | ／ |
| | ３回目 | | 点 | ／ |
| Lesson【5】<br>段落・趣旨判定の解答力<br>（p.19） | １回目 | | 点 | ／ |
| | ２回目 | | 点 | ／ |
| | ３回目 | | 点 | ／ |
| Lesson【6】<br>表題・正誤判別の解答力<br>（p.23） | １回目 | | 点 | ／ |
| | ２回目 | | 点 | ／ |
| | ３回目 | | 点 | ／ |
| Lesson【7】<br>記述・趣旨論述の解答力<br>（p.27） | １回目 | | 点 | ／ |
| | ２回目 | | 点 | ／ |
| | ３回目 | | 点 | ／ |
| | | 10 20 30 40 50 | | |

メモ

| 合計 | 問三 | 問二 | 問一 | 得点 | ／ | 学習日 | Lesson【1】 |
|---|---|---|---|---|---|---|---|
| ／50 | | | | | | | 1回目 |

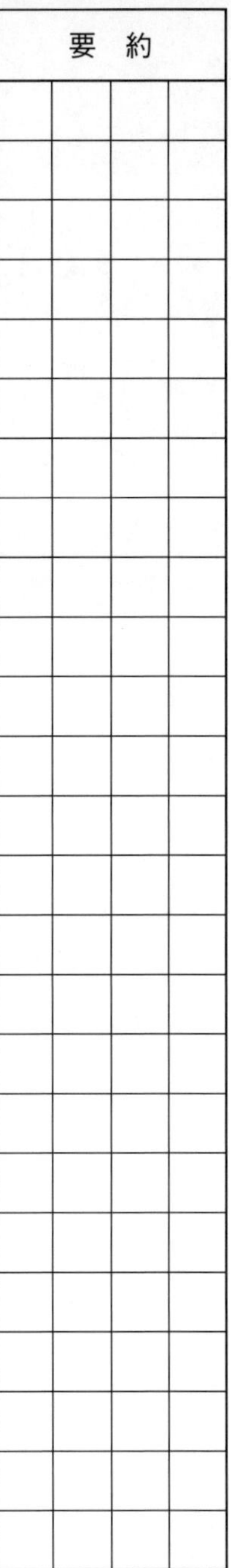


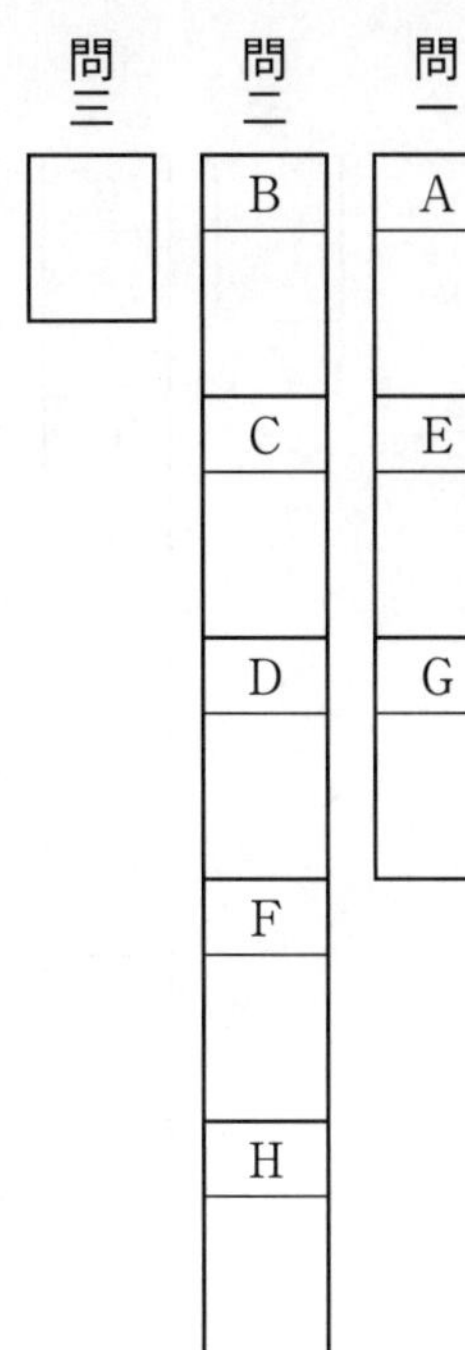

## Lesson【1】 2回目

| 学習日 | 得点 | 問一 | 問二 | 問三 | 合計 |
|---|---|---|---|---|---|
| ／ |  |  |  |  | ／50 |

要約

問一

問二

問三

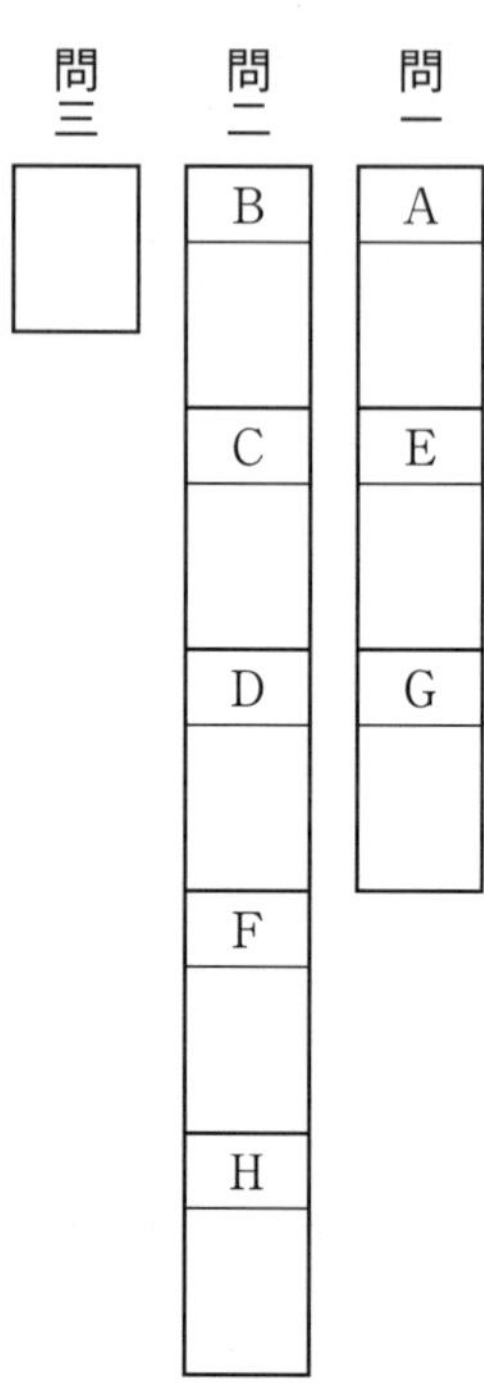

## ▷『現代文解答力の開発講座』ワークシート　Lesson【1】

⑴　自分の問題点・弱点

①

②

③

⑵　理解・確認したこと

①

②

③

⑶　今後に生かすこと

①

②

③

メモ

| Lesson【2】 | 学習日 | / | 得点 | 問一 | 問二 | 問三 | 問四 | 合計 |
|---|---|---|---|---|---|---|---|---|
| 1回目 | | | | | | | | /50 |

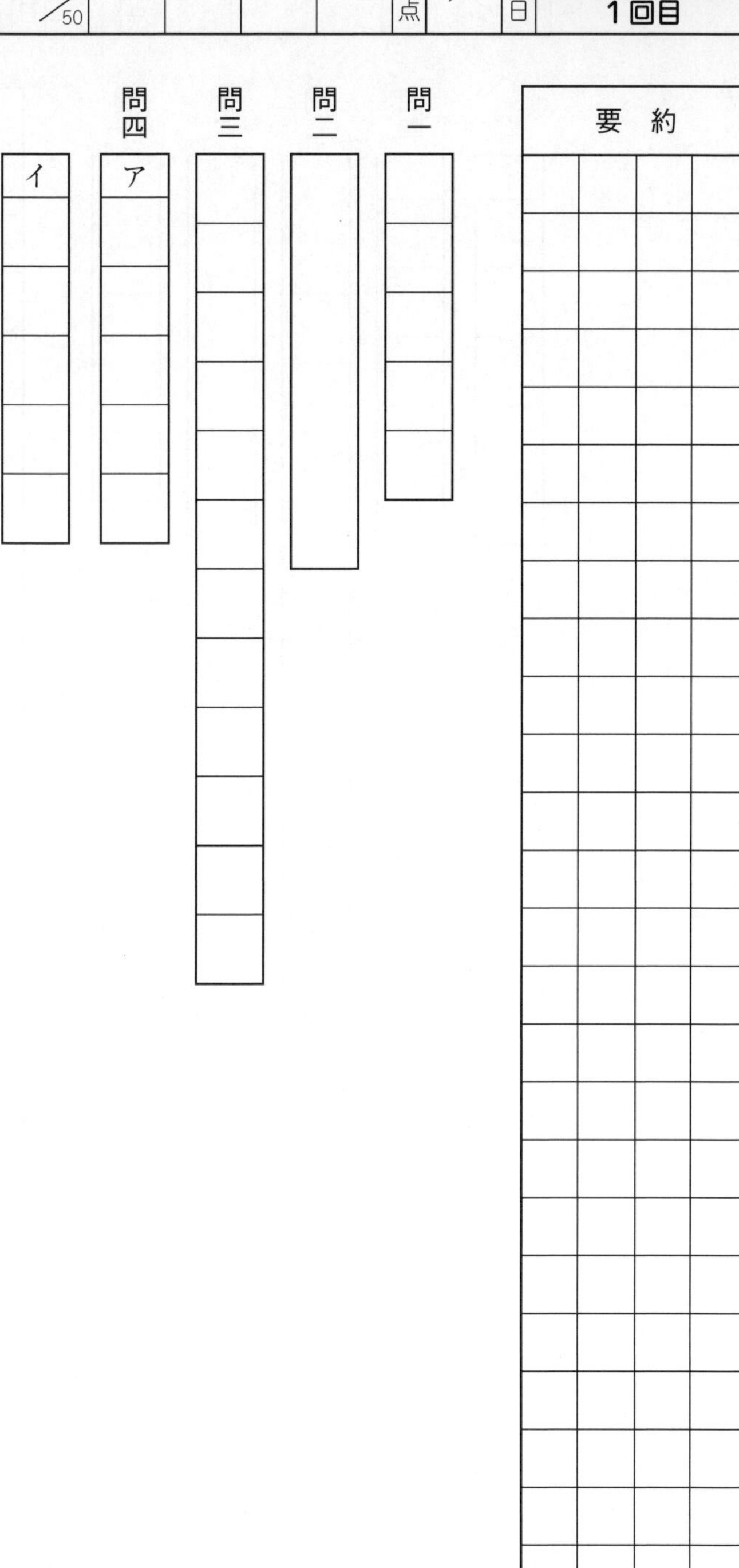

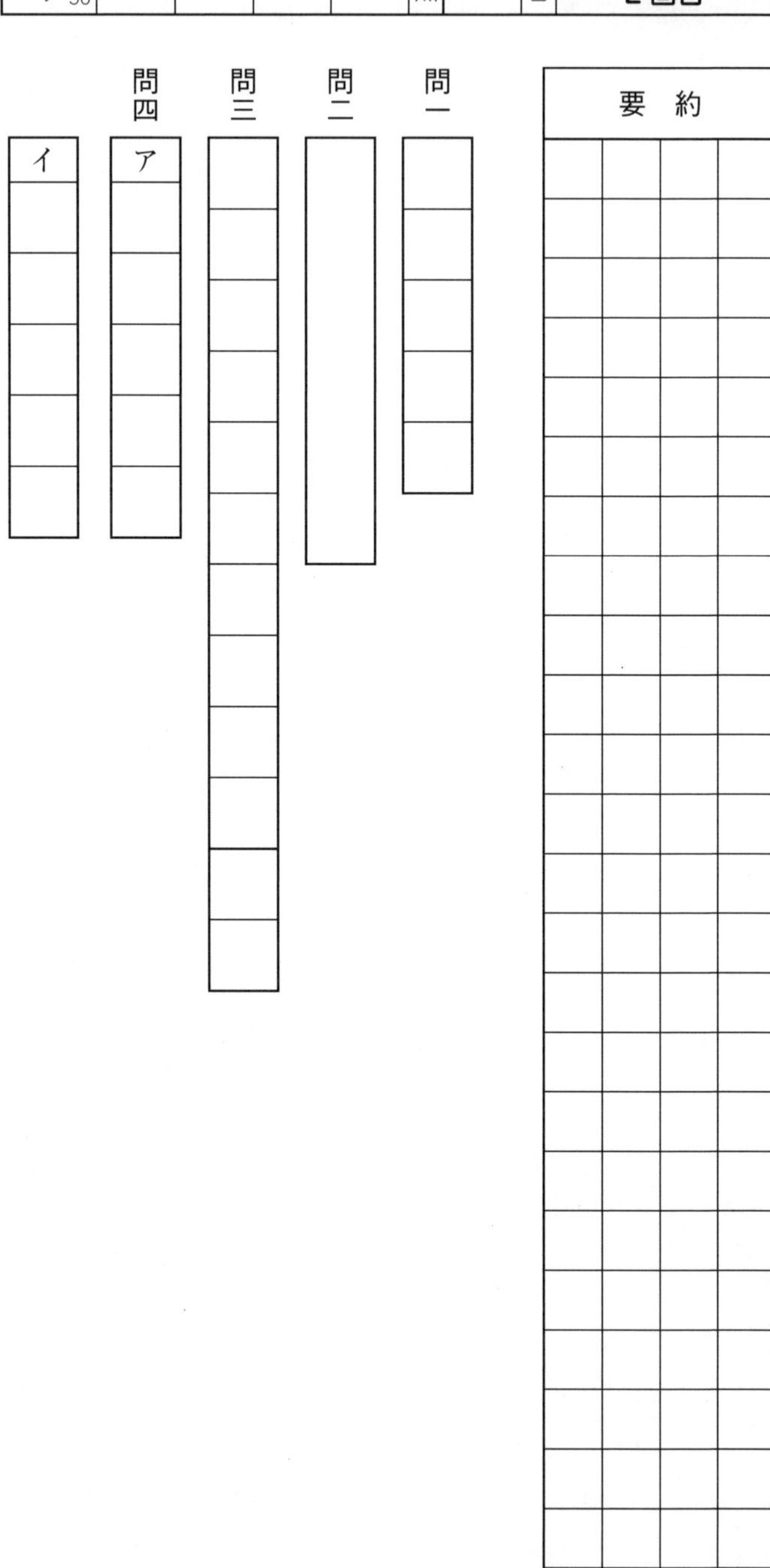
Lesson【2】
2回目
学習日
／
得点
問一
問二
問三
問四
合計
／50
要約
問一
問二
問三
問四
ア
イ

## ▷『現代文解答力の開発講座』ワークシート　Lesson【2】

(1)　自分の問題点・弱点

①

②

③

(2)　理解・確認したこと

①

②

③

(3)　今後に生かすこと

①

②

③

メモ

| 合計 | 問三 | 問二 | 問一 | 得点 | ／ | 学習日 | Lesson【3】 |
|---|---|---|---|---|---|---|---|
| ／50 | | | | | | | 1回目 |

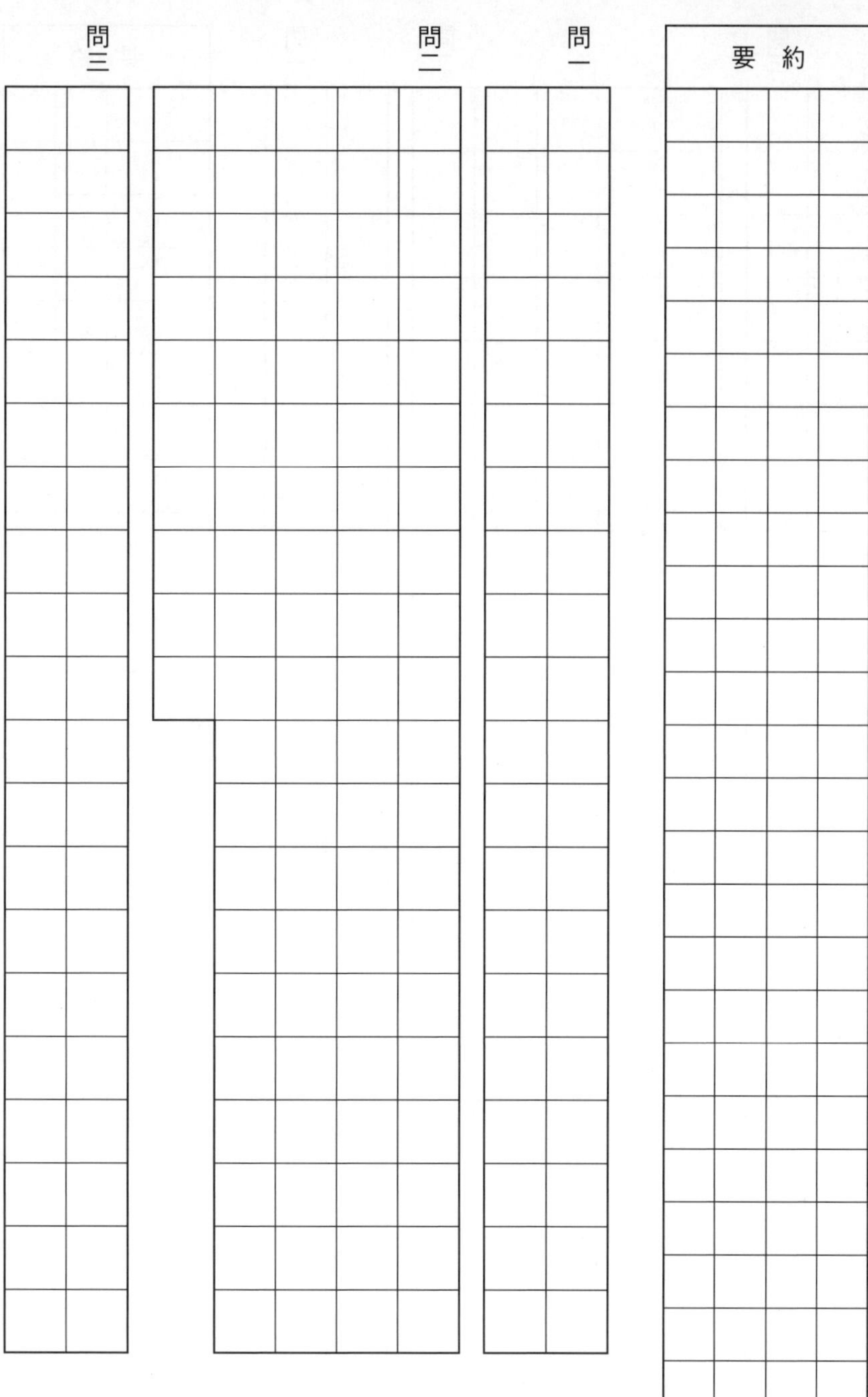

| 合計 | 問三 | 問二 | 問一 | 得点 | / | 学習日 | Lesson【3】 |
|---|---|---|---|---|---|---|---|
| /50 | | | | | | | 2回目 |

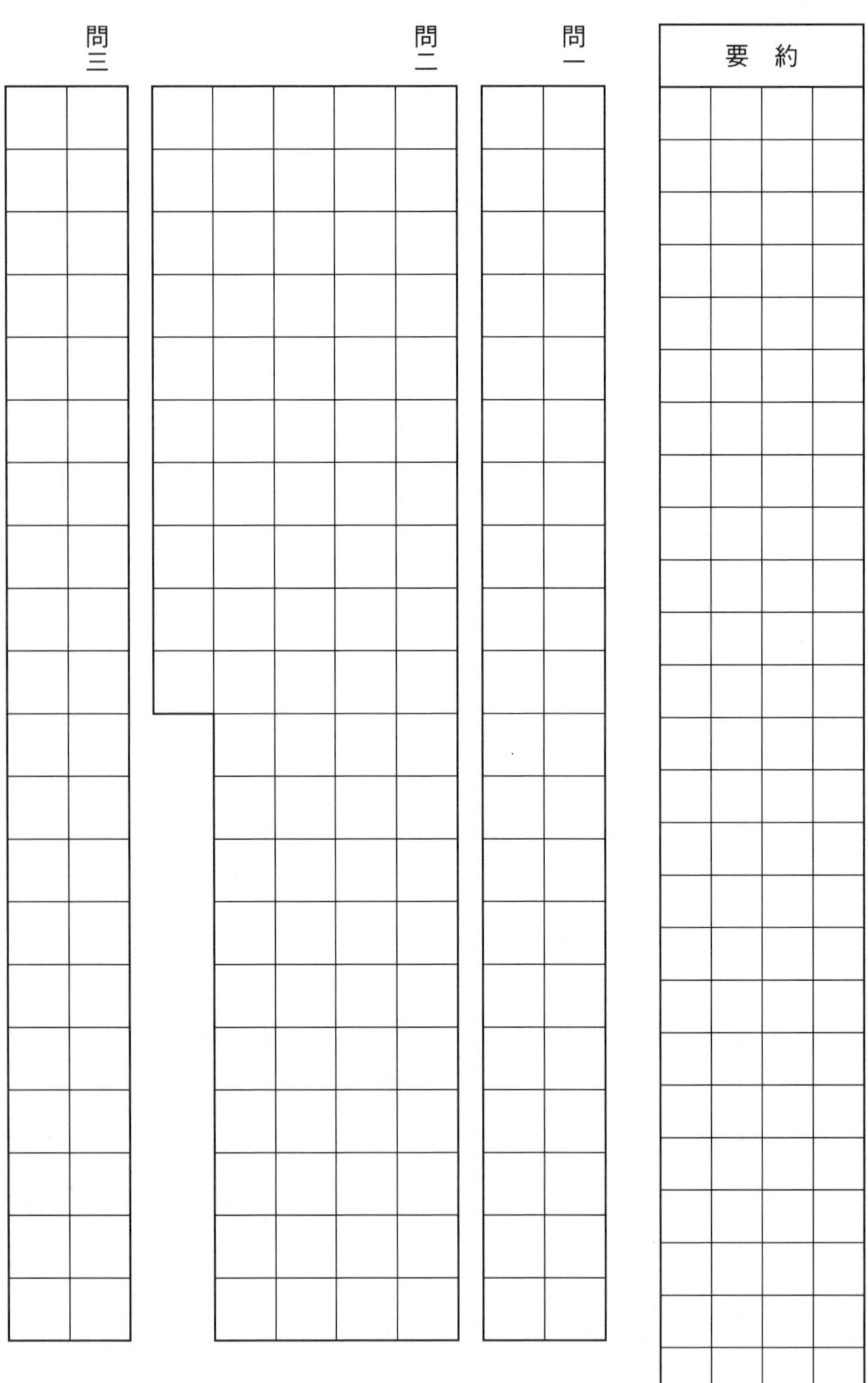

## ▷『現代文解答力の開発講座』ワークシート　Lesson【３】

⑴　自分の問題点・弱点

①

②

③

⑵　理解・確認したこと

①

②

③

⑶　今後に生かすこと

①

②

③

メモ

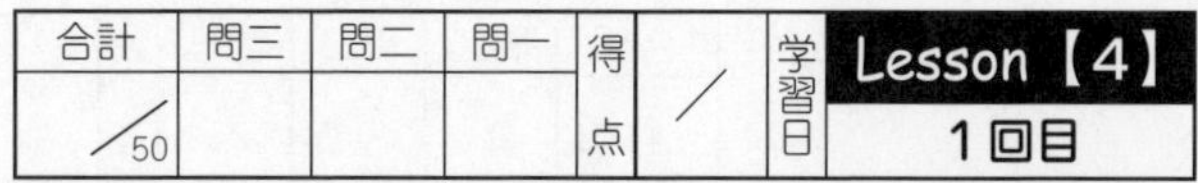

| 合計 | 問三 | 問二 | 問一 | 得点 | ／ | 学習日 | Lesson【4】 |
|---|---|---|---|---|---|---|---|
| ／50 | | | | | | | 1回目 |

要約

問一

問二

問三

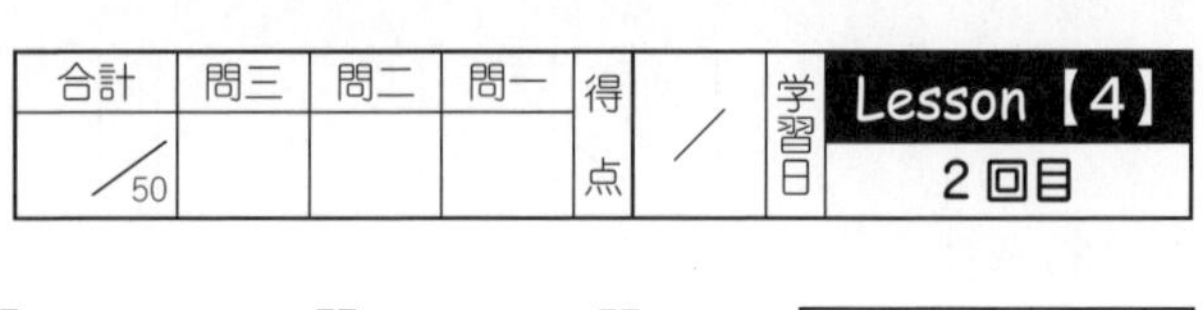


要約

問一

問二

問三

## ▷『現代文解答力の開発講座』ワークシート　Lesson【4】

⑴　自分の問題点・弱点

①

②

③

⑵　理解・確認したこと

①

②

③

⑶　今後に生かすこと

①

②

③

メモ

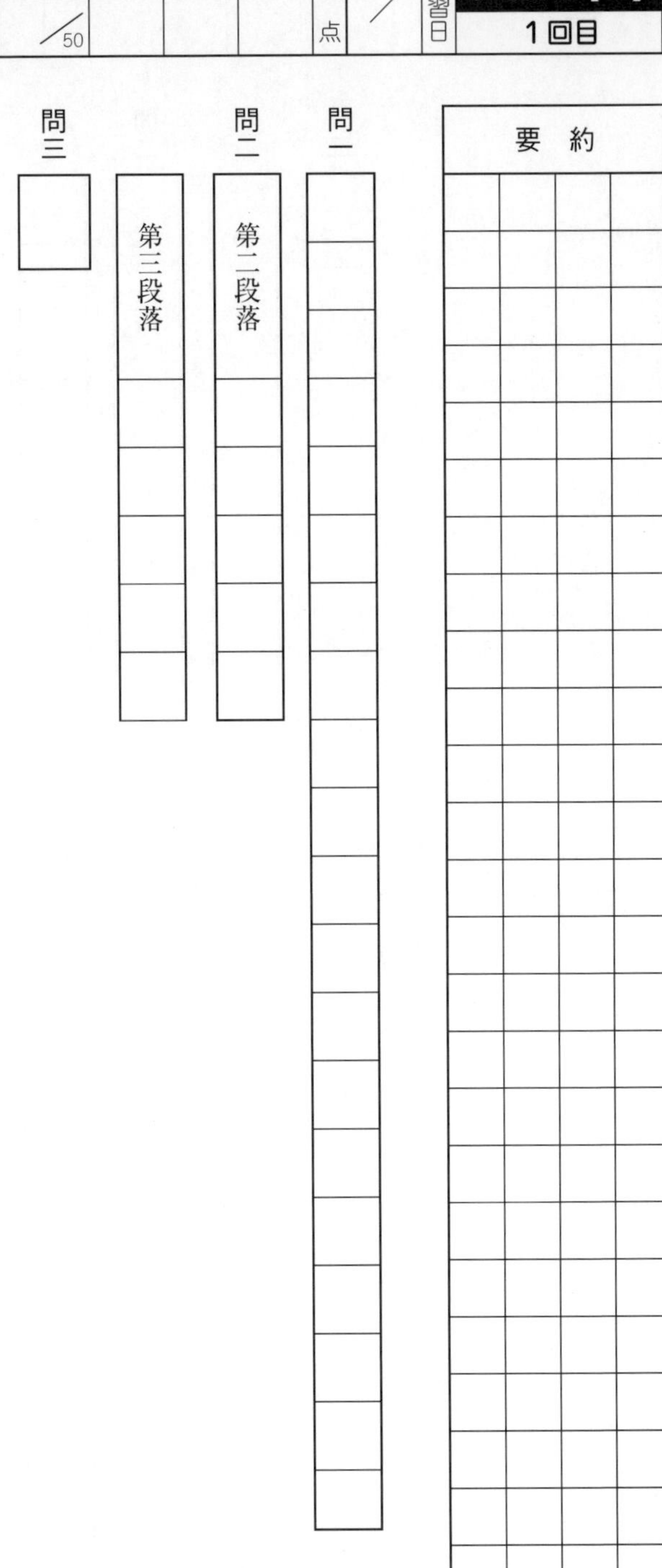
Lesson【5】
1回目
学習日
得点
問一
問二
問三
合計
50
要約
問一
問二
第二段落
第三段落
問三

Lesson【5】 2回目

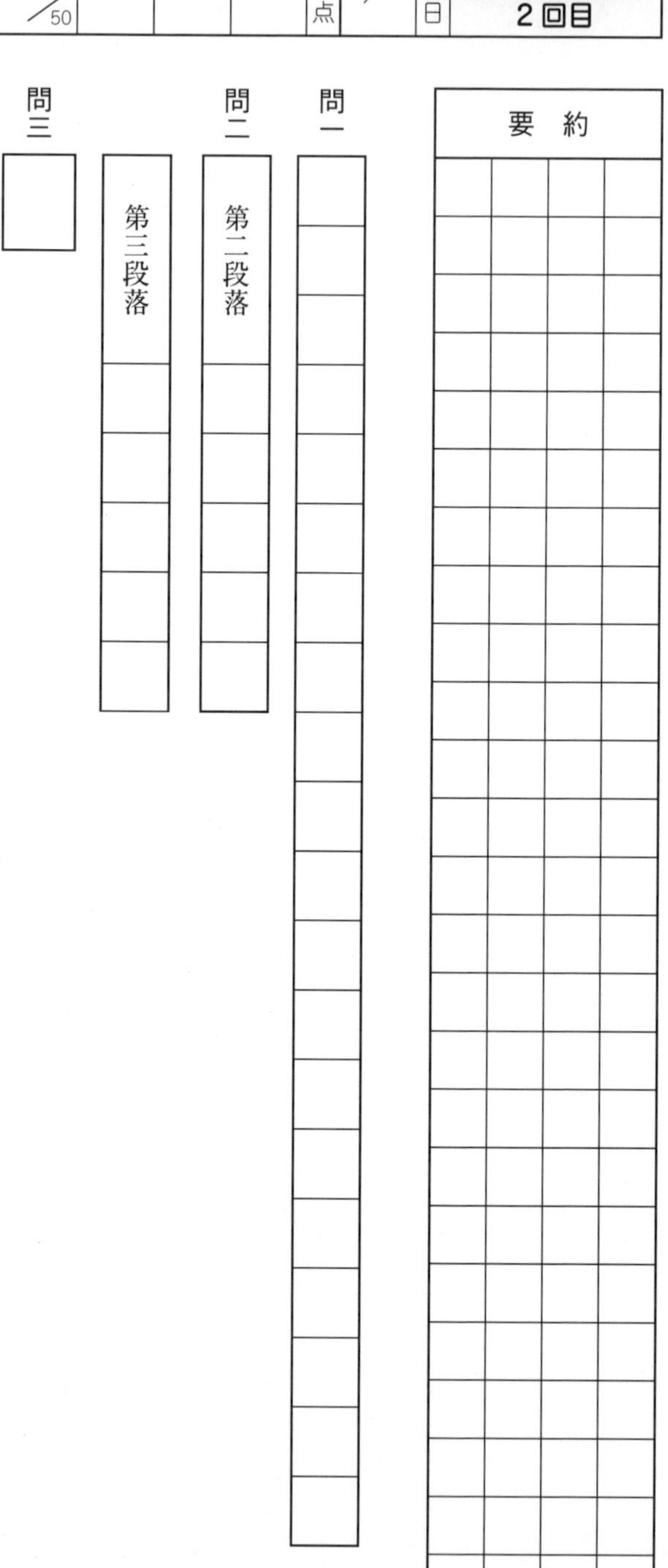

## ▷『現代文解答力の開発講座』ワークシート　Lesson【5】

(1)　自分の問題点・弱点

①

②

③

(2)　理解・確認したこと

①

②

③

(3)　今後に生かすこと

①

②

③

メモ

| Lesson【6】<br>1回目 | 学習日 | ／ | 得点 | 問一 | 問二 | 問三 | 問四 | 合計 |
|---|---|---|---|---|---|---|---|---|
| | | | | | | | | ／50 |

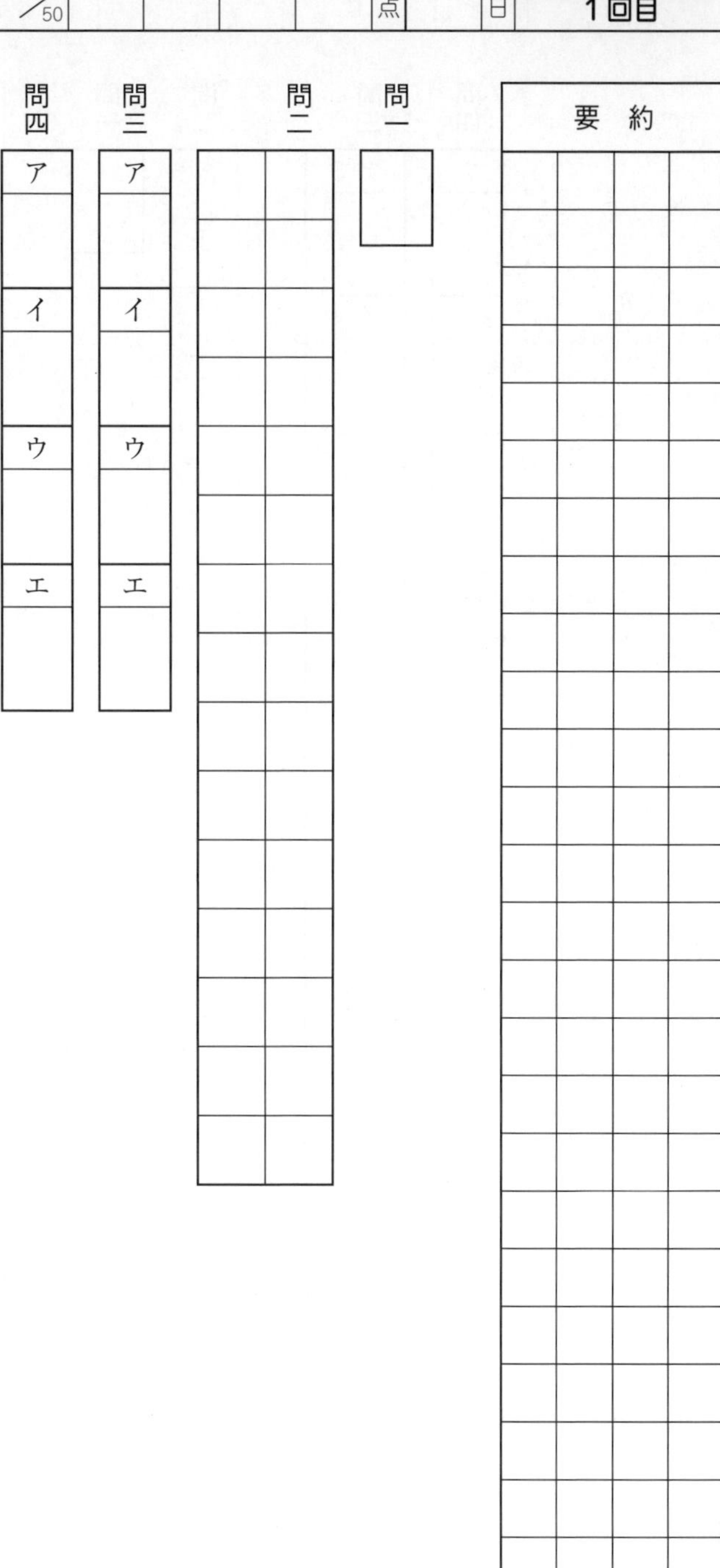

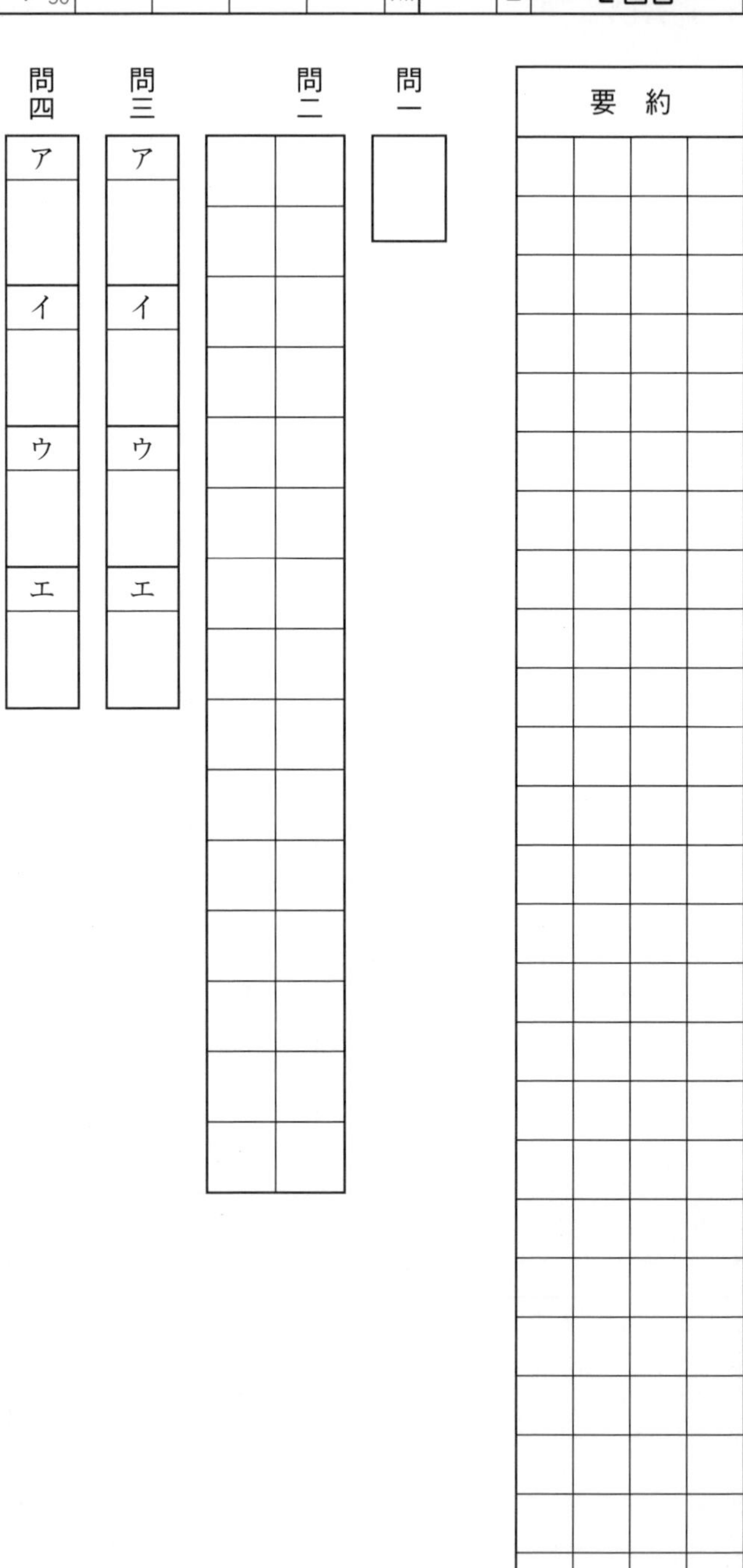
Lesson【6】
2回目
学習日
得点
問一
問二
問三
問四
合計
50
要約
問一
問二
問三
ア
イ
ウ
エ
問四
ア
イ
ウ
エ

## ▷『現代文解答力の開発講座』ワークシート　Lesson【6】

⑴　自分の問題点・弱点

①

②

③

⑵　理解・確認したこと

①

②

③

⑶　今後に生かすこと

①

②

③

メモ

| 合計 | 問三 | 問二 | 問一 | 得点 | ／ | 学習日 | Lesson【7】 |
|---|---|---|---|---|---|---|---|
| ／50 | | | | | | | 1回目 |

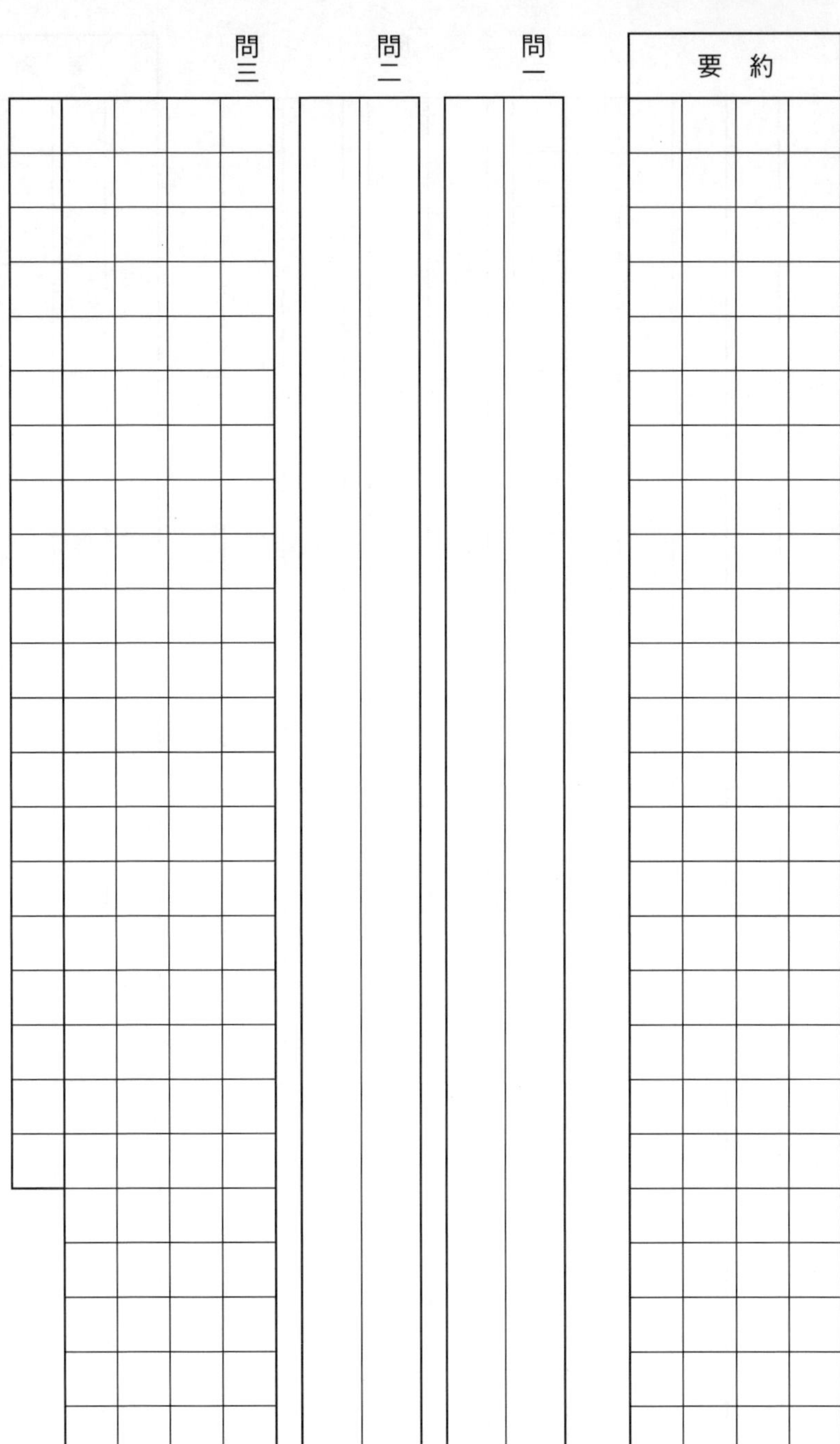

| Lesson【7】 | 学習日 | ／ | 得点 | 問一 | 問二 | 問三 | 合計 |
|---|---|---|---|---|---|---|---|
| 2回目 | | | | | | | ／50 |

要約

問一

問二

問三

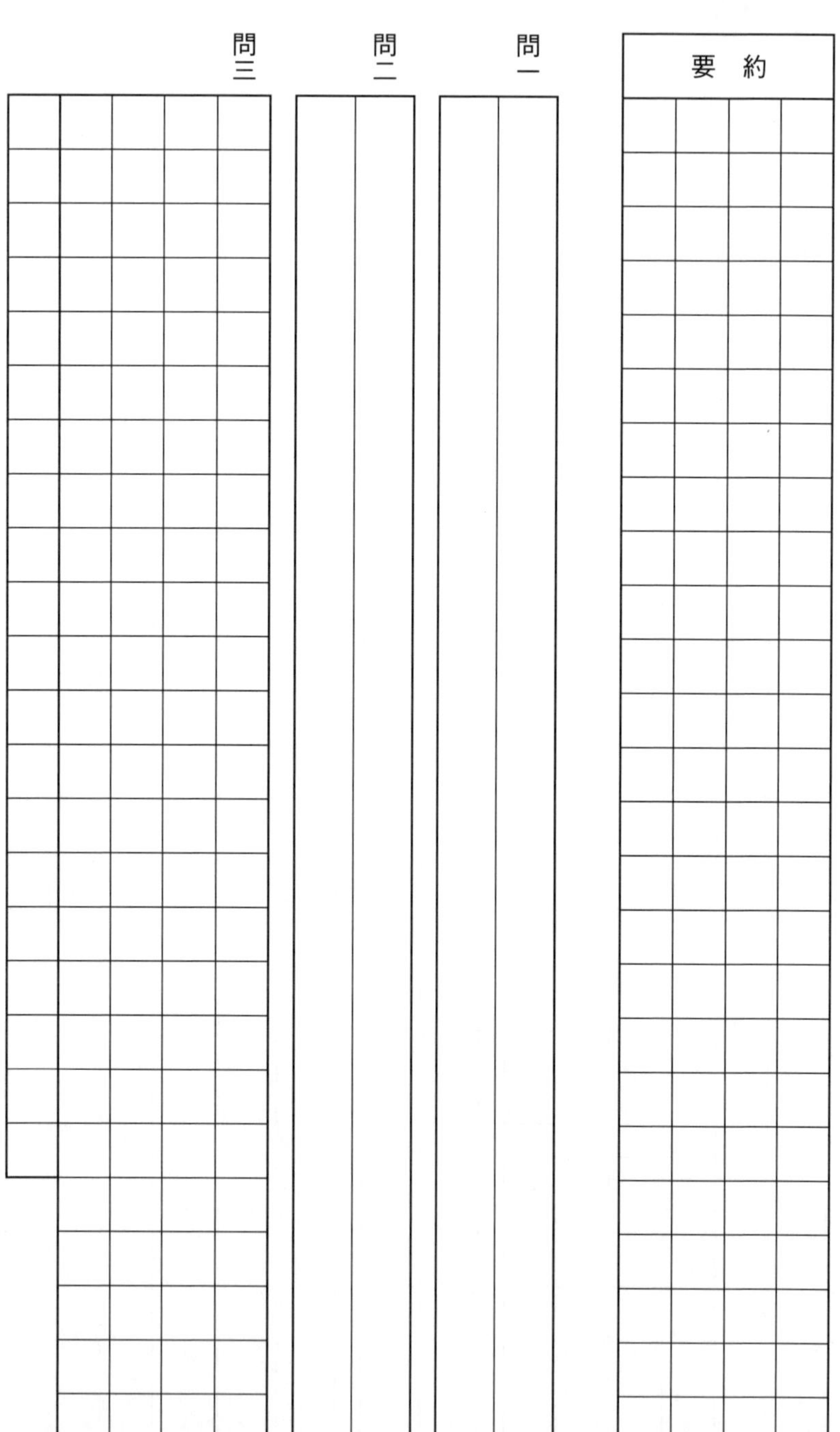

## ▷『現代文解答力の開発講座』ワークシート　Lesson【7】

⑴　自分の問題点・弱点

①

②

③

⑵　理解・確認したこと

①

②

③

⑶　今後に生かすこと

①

②

③

メモ

メモ

メモ

## ▷チェック欄

| Lesson【1】 | Lesson【2】 | Lesson【3】 | Lesson【4】 |
|---|---|---|---|
| Lesson【5】 | Lesson【6】 | Lesson【7】 | Final Lesson |

| 年 | | 組 | | 番 | | 氏名 | |
|---|---|---|---|---|---|---|---|

# 現代文解答力の開発講座

霜栄(しもさかえ) 著

▷問題・読解ノート

駿台文庫

## ◆はじめに

現代文は、自分の「思考力」を鍛える科目です。たんに問題文を読み、設問を解き、解答を書き、答え合わせをするだけで、終わらないようにしましょう。

現代文の勉強をしても成績が上がらないという人は、解いて答え合わせをするだけで、「思考力」を鍛えていないのかもしれません。

自分が問題を解くことを通して、どんなふうに思考したのかを、意識することが大切です。そのために**【解答欄ノート】**の**『ワークシート』**への記入を行い、自分にどんな問題点・弱点があり、何を学習することによって、どんなことを今後に生かせるようになったかを必ず振り返ってください。

自分がどんなふうにしてできるようになったかを意識できれば、次の課題や新しい問題を解決したいときに、どんなふうに考えていけばよいかが自分でわかるようになります。

それこそが学校を卒業して、君がひとりで学ばなければならなくなったとき、一生を通じて役立つ本当の「学力」です。

本書では、どの問題文を読解するときにも、どの設問を解答するときにも、現代文学習の目標である同じ「三つの思考力」を用いていきます。レッスンを進めていくにつれて、実力が積み上げられていくでしょう。しかもこの「三つの思考力」は、現代文の学習だけではなく、あらゆる科目を学習する際の土台となる「思考力」です。

これまでの学習書と違って、自分で考えながら赤シートを使って読み進め空欄を埋めていくうちに、何度も使用する「三つの思考力」が効果的に身に付くように工夫されています。

## ◆本書の特長

この本の章分けは、設問別の形式となっています。

接続語や抜き出しの設問が苦手、選択式や記述式の設問が苦手といった声を聞きますが、また一方では、文章の読解さえできれば、どんな設問形式だろうと関係ないという本質論も目にします。

本書では、どんな文章や設問形式でも、同じ思考力で解答できるという前提に立ちながら、さまざまな設問形式に対応していくことで、応用的な思考力（読解力・解答力）を鍛えることを目指しています。

本質論に基づきながらも、それに留まることなく、柔軟で強靭な思考力（読解力・解答力）が身に付くことを願っているからです。

**自分の志望大学の出題形式だけにとらわれず、すべての形式に対応していくことで、出題者のキキタイコトに解答できる力を身に付けてほしい**、と思います。

正解とはつねに筆者のイイタイコトと出題者のキキタイコトとの交点です。

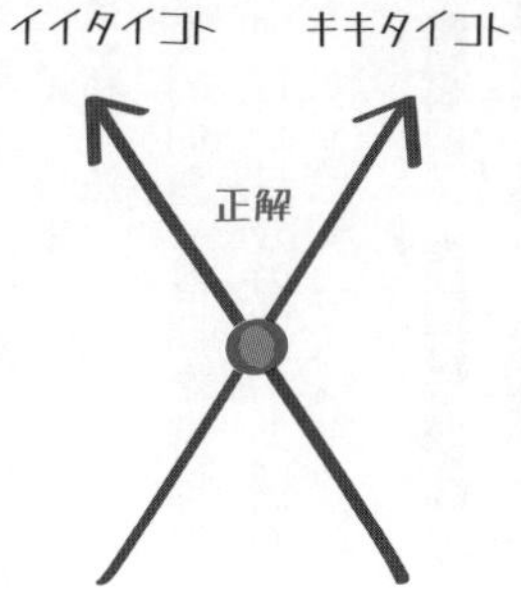

キキタイコト
イイタイコト
正解

本書では、読解ノートで筆者の**イイタイコト**を理解したうえで、そこに出題者の**キキタイコト**という矢印を指して、交点としての正解を求めていきます。

最後まで、できれば何度も挑戦してください。

現代文は、すべての教科の、そして生きることの、思考力につながるものです。

ぜひ君の生きる力にしてほしい。そう願っています。

現代文を得意にして、楽しく正確にいろいろな文章を読めるようになってください。

文章は花束や音楽やダンスと同じように、君や僕を勇気づける力をもっています。

言葉は世界を開く窓です。

言葉との出会いが君の未来を開いてくれますように。

## 本書の構成と利用法

### ▼本書の構成

本書は次の冊子に分かれています。

① 問題・読解ノート
② 解答欄ノート
（要約解答欄・設問解答欄 各2回分／ワークシート）
③ 解説・解答

### ▼本書の利用法

① 要約問題・設問を解いて、解答を**【解答欄ノート】**1回目か自分のノートに記入してください。

⇩

② **語句**や**現代文キーワード**を確認した後、赤シートを使用しながら**読解ノート**を学習してください。ノートに空欄の解答をまとめて書いてから答え合わせをしてもいいです。
「 」や〈読解マップ〉の空欄には問題文中の語句をそのまま埋めていきますが、それ以外は問題文中のままではない語句を埋めていきます（空欄を埋めるのが簡単だった人は、再学習時に自力で〈読解マップ〉を再現したり、もっとよいマップを作れないかと検討したりすれば、読解力は飛躍的に向上するでしょう）。

⇩

③ もう一度、要約問題・設問を解いて、解答を**【解答欄ノート】**2回目か自分のノートに記入してください。

⇩

④ **【解説・解答】**で答え合わせをして、自分の考え方の修正と確認を行います。必ず正解を**【解答欄ノート】**か自分のノートに写してください。

⇩

⑤ 最後に、**【ワークシート】**に書き込みを行うことで、今後の自分の変化や成長を促すようにしてください。書き込んだ後はぜひ、ファイリングしたり、画像にしたりするなどして、何度も振り返りを行い、「思考力」を鍛えてください。

# 目次

## ◆ ポイント一覧

この本で学ぶことのできるポイントの一覧です。忘れているものがないかを常にチェックしてください。ポイントの上の□に、◩⊠⊠◪■などとマークを入れて、定着度の確認を行ってください。よく忘れてしまうポイントは付箋紙などに書き写してノートや机などに貼り付けておくのもいいでしょう。

## 〝キキタイコト〟に花束を

入試問題の文章には、筆者のイイタイコトがあるように、入試問題の設問には、必ず出題者のキキタイコトがあります。

君が文章をうまく読めたと思ったのに、設問がうまく解けなかったというのは、出題者のキキタイコトを理解していないせいかもしれません。テストはいつだって、出題者の考えた正解に基づいて採点されます。君がどんなに優れた読解を行っていても、出題者のキキタイコトに答えていない場合は、残念ながら間違いとされてしまいます。

独創的な力というものは、テストでは測定されません。それが今のテストの、そして入試の限界です。入試を終えたら、ぜひそのことについても考えてみてください。

ＯＥＣＤ（経済協力開発機構）は、現代の教育を、「学校や教科書で得た知識がすぐに陳腐化してしまうような常に変化する世界にうまく適応し、人生を切り開いていくために必要な能力（＝リテラシー）」を身に付けることだと定義しています。

そんな時代なので、本書では、あえて新しい内容や文章を追いかけず、むしろ現代に生き残っていて君が読み慣れていないような文章を通して、筆者のイイタイコトだけでなく出題者のキキタイコトについて、しっかり考えてもらえる入試問題を厳選しました。

いつも出題者の「キキタイコトに花束を」手渡すような気持ちで、解答することを考えてください。

だれかのキキタイコトを知って、うまく答えることができると、それもまた嬉しいものです。

本書を何度も学習して、すべての科目にも通じる「解答力」が身に付くことを期待しています。

また、もしも「読解力」に自信がもてない場合は、よかったら僕の前著である『現代文読解力の開発講座』も合わせて読んでみてください。

## ◆テキスト使用について

1　問題文

文章を客観・論理・構造的に正しく理解することが最も大切です。**本文の要旨**つまり**筆者のイイタイコト**は何かをつかむことに全力を尽くしてください。

2　設問

時間にこだわらず、**出題者のキキタイコト**は何かを考えて答えを出すようにしてください。たんに答え合わせをするのではなく、**解答の論理**を理解してください。

# Lesson【1】空欄補充の解答力

空欄補充の設問は、私立大学・国公立大学の入試はもちろん共通テストでも頻出の形式。自分の「感覚」ではなく「論理」に従って文章を読んでいるかが問われます。ここでは読解の「基本」から始めましょう。

次の文章を読んで、後の問いに答えよ。（50点）

明治維新以前徳川封建制が、次の時代の「近代化」のために必要な要因を、あらかじめ準備していたということに議論の余地はない。歴史家の間で議論されてきたのは、どの程度にかということである。明治維新後には西洋の技術・制度の移植がはじまった。その移植を成功させた人々は、和魂洋才に徹してきたのであろうか。概してそうだったといえるかもしれない。［A］その場合の「和魂」は、むろんあらかじめ成長していた「近代的市民精神」ではなかったろう。近代的市民精神は西洋思想を媒介とせず、徳川封建制の崩壊過程そのもののなかから芽生えて来たという議論には、無理があると思う。封建制そのものが、——それを封建制と呼ぶとして、決して完全に崩壊したわけではなかった。労働人口の四割が今なお農村にある国で、土地所有形態が維新後そのまま存続されていたことは、周知のとおりである。一方「典型的」な資本主義は封建的都市での商業資本の蓄積からではなく、農村での階級分化からおこったといわれている。もしそれを認めるとすれば、近代的市民精神が全く［B］的に西洋と並行して、土地所有形態の全く封建的な社会に、発展してきたという想像は、それだけでも、説得的でない。したがって結論はこうなる他はないだろう。明治維新後の日本には技術・制度の西洋化がおこった。——この点に異論はないとして、輸入した技術・制度を活用し、発展させてきた主体、つまり精神の構造は、非近代的なままで西洋化しなかったか、西洋思想を通って近代化の方向へ進んだかである。別な言葉でいえば、近代的市民精神は［C］化の結果として現れたか、現れなかったかであり、実際にはそれが複雑に混りあった形で、非典型的な、少くとも土地・家族・天皇制度に関して全く非典型的な、日本の資本主義を一九四五年まで発展させてきたのである。そこまでの歴史を西洋化の過程でないという見方、封建制の存在を主として西洋諸国に似た条件を備えていた日本が、D に西洋諸国の近代に似た発展を遂げたとみる見方は、どうしても無理である。その無理は、明治以後のいわゆる近代化の過程で、西洋文明に対する日本側の態度が、具体的に、どういうものであったかを調べれば、はっきりするであろう。

しかし一般に日本側というものはない。E 農民があり、都市の商工業者がある。総じて小作制度が変らず、物納地代が変らなかったということだけを考慮しても、少くとも農村と都会とを区別しなければなるまい。物納地代が変らなかったとすれば、維新後の農村では一体何が変ったのか。家族制度は変らなかった。家族制度に伴う F も変らなかった。普通教育と徴兵制度が農民の意識に大きな影響を及ぼしたであろうことは想像にあまりがあるが、要するに「近代市民精神」といわれるものからその意識がどれほど遠く隔っていたろうかということも、想像にあまりがあるだろう。

西洋化は当然そこでの問題ではなかったにちがいない。生産と生活の様式の大きな変化がひきおこされたのは都会においてであった。その変化の方向は、第一に資本主義的生産と技術の発展へ向うものであり、それに伴って、第二にある程度までの民主主義、また第三に個人主義的人間観の成立へ向うものであった。それを近代化という言葉で総括するとすれば、近代化の過程であったといえよう。G 周知のようにその近代化は上から行われた。天皇制を支柱として一種の植民地帝国主義をつくりあげるために、明白な意図をもって H 的につくりあげられたのである。一種の植民地帝国主義が、日本的なものであることはいうまでもない。西洋植民地帝国を手本としながら、しかも日本に固有の独特の形が生れた。それは西洋化の過程ではなかった。そうではなくて、一種の I であったといえるだろう。

（加藤周一「近代日本の文明史的位置」）

**要約** 問題文を一〇〇字以内で要約せよ。

（草稿用）

**設問**

**問一** 空欄部［A］・［E］・［G］に入れる言葉として、次のうちのどれが最も適当か。記号で答えよ。（同じ言葉を二回使ってもよい。）（4点×3）

ア ところで　イ たとえば　ウ すなわち　エ したがって　オ しかし　カ しからば

**問二** 空欄部［B］・［C］・［D］・［F］・［H］に入れる言葉として、次のうちのどれが最も適当か。記号で答えよ。（同じ言葉を二回使ってはいけない。）（6点×5）

ア 慣習　イ 思想　ウ 西洋　エ 組織　オ 独立　カ 典型
キ 突発　ク 意識　ケ 自発　コ 功利　サ 階級

**問三** 空欄部［I］には、次のうちのどの言葉を入れたらよいか。記号で答えよ。（8点）

ア 近代市民精神　イ 階級文化　ウ 個人主義的人間観
エ 崩壊過程　オ 和魂洋才　カ 植民地帝国主義

## 語句

▼**和魂洋才**（わこんようさい）…日本固有の精神と西洋伝来の学問（を融合すること）。日本固有の精神をもって西洋の学問を活用すること。「和魂漢才（＝日本固有の精神と中国の学問）」から作られた語。

▼**概**（がい）**して**…だいたいにおいて。

▼**媒介**（ばいかい）…橋渡し。二つのものの間に入って仲立ちし、関係を取り持つこと。あるものを他のものを通じて存在させること。

関連語 **媒体**（＝①媒介するもの。②伝達の媒介手段となるもの。）＝メディア【media】

▼**周知**…理解が広がっていること。

同音異義 **衆知**（＝多くの人が持っている判断・処理の仕方）

▼**総括**…全体をまとめてしめ括（くく）ること。

## 現代文キーワード

□**封建制**…領主（＝土地の所有者）が農奴（＝土地を所有せず土地に縛られた農民）を支配する関係を基盤とした体制。

□**近代**…現代に近い時代（現代を含む場合もある）。未来志向と進歩主義を原理とし、市民社会・資本主義を基盤とする時代。

□**市民**…国家や社会や地域社会の構成員・主体的に政治や社会に参加する人・自由民。

□**資本主義**…私有財産・自由競争を基本とする、封建制に代わる経済体制。＝キャピタリズム【capitalism】

□**個人主義**…個人が自律的に一貫性ある思想と責任をもつことを評価する立場。

□**帝国主義**…国家が勢力範囲の拡大を目指し、国境外の人々に対して支配権を及ぼそうとする傾向・活動・政策。

□**思想**…①体系的な思考内容。②社会・人生に対する思考の体系。

## 確認問題

**1** 「要因」の「因」を使うものを選びなさい。

①イン湿　②強イン　③婚イン　④イン習

**2** 「過程」の意味として適切なものを選びなさい。

①推理の出発点となる条件

②ある期間に修得させられる学習・仕事

③変化・発展の道筋・プロセス

**答**　**1** ④（①陰湿　②強引　③婚姻）　**2** ③（①＝仮定　②＝課程）

まず最初におことわりしておきます。はっきり言って【1】の問題はとても手ごわいです。この後は【2】から易しくなって、それから少しずつ難しくなっていきます。すみませんが、何とか【2】まで進んでください。【1】のような難しい文章、設問であっても、きちんと読める、解けるということを知ってもらうことがネライです。たいていの学習書は最初にとても易しい問題に取り組ませるのですが、この本は少し違っています。最初に土台をきちんと伝えたいと思ってこのようにしました。最後の【7】まで解いた後で、ぜひもう一度この【1】にチャレンジしてください。そのときには、僕の意図を理解していただけると思います。

## 三つの思考力を身に付ける　ポイント0

現代文で問われる力は、〈語彙力〉を基盤とする三つの〈思考力〉です。

一つ目は〈客観的思考力〉。言葉の〈カタチ＝形式〉を見出して、〈筆者の考え＝内容〉を把握することを目指します。

二つ目は〈論理的思考力〉。客観的思考力で得た内容を見比べて、〈同内容・言い換え＝同値（＝）〉の関係と〈違い・対比＝対立（↕）〉の関係を把握することが大切です（〈対立〉は反対の意味を含めて、違い・対比の意味で用いています）。

三つ目は〈構造的思考力〉。論理的思考力で得た関係性から問題文や段落などの全体を見渡して、〈主題＝テーマ〉についての〈主張＝メッセージ〉を把握することを目指します。

**三つの思考力**

① **客観的思考力＝言葉の〈カタチ＝形式〉から〈筆者の考え＝内容〉を見出す**　客観

② **論理的思考力＝〈同内容・言い換え＝同値〉と〈違い・対比＝対立〉で見比べて言葉をつなぐ**　論理

③ **構造的思考力＝〈主題＝テーマ〉について〈主張＝メッセージ〉を見渡す**　構造

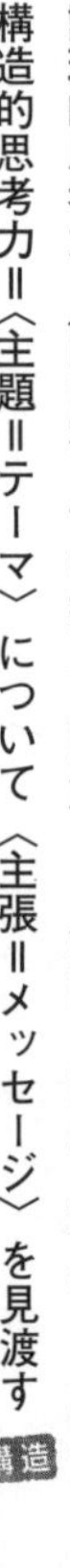

いわば〈見出して、見比べて、見渡す〉という三つの〈見る〉力、これこそが現代文で鍛えるべき三つの思考力です。

（これら三つの思考力がさまざまな形で問われます。もちろんその思考力は、生活一般においても役立つものでしょう。たとえば人間関係においても、相手の様子・行動・表情・言葉といったカタチを〈見出し〉、自分と相手の環境・性格・目標・考えなどを〈見比べて〉、二人が過ごしている高校生活や仲間や社会や街を〈見渡す〉ことで、素敵な関係を生み出す可能性を高めることができるかもしれません。）

##  設問より先に問題文を読む　ポイント1

先に設問を見るか、それともまず問題文を読むか。そんなことで悩んだ人もいるでしょう。

もちろん設問の量を確かめるのはいいのですが、まずは問題文の理解が先決です。設問文や選択肢を見るのは、問題文を読んだ後の方がいいでしょう。

現代文では常に問題文の読解を優先してください。先に設問文や選択肢を見てしまうと、どうしても先入観が生まれて、問題文の理解を妨げることが多いからです。

現代文の入試問題の最初（リード文）にはたいてい「次の文章を読んで、後の問いに答えよ。」などと書かれています。このことについても、さっそく〈客観的〉に考えてみましょう。この〈形式〉から出題者の〈考え〉を推理すると、次のようになります。

**入試問題の出題者は常に問題文が理解できているのかを問おうとしている**

ただし一つだけ例外があります。それは問題文に段落記号が付いていたときです。「並び替えなさい」などという整序問題の可能性があるので、そんな場合は先に記号と関係している設問だけはチェックしておいた方が安全でしょう。

またきっと、こんな人もいるでしょう。読みながら解くという中間派です。傍線や空欄が出てきたら、そこで設問を解くというやり方。確かにちょっと、要領よさげですね。やさしい設問、つまり直前・直後や同じ形式段落の読解だけで解ける設問に対しては有効かもしれません。ですがこのやり方では、レベルの高い入試問題には対応できません。配点が高くて差のつくような設問、特に難関大学の設問はそのやり方ではうまく解けません。

問題文を読んでいる途中で、ちらちら設問を気にしていると、問題文の全体が把握しにくくなり、問題文全体の読解から解く設問をクリアーできず、実力も点数もある一定以上は伸びなくなってしまいます。

こういうことは、他の科目の勉強や日常の生活でも、よくあることだと思います。まずは全体を把握するようにしてください。

## ◇ 客観的思考力で形式段落に注目　ポイント2

それではまず、実際に問題文を読解していきましょう。使うのは〈客観〉〈論理〉〈構造〉の三つの思考力です。

まずは形式段落という〈カタチ〉に注目しましょう。改行して一字下げて印刷されている箇所を見れば、だれでも気づけるでしょう。今回は三つの形式段落があるので、三つの内容が書かれていると考えてください。〈形式〉を見出して〈内容〉を把握する〈客観的思考力〉です。

**一つの形式段落ごとに文章の内容・筆者の考えを整理し把握していく**

形式段落は〈お皿〉のようなものです。〈お皿〉ごとに違う〈料理〉が載っています。現代文は〈お皿〉ごとに順番に食べていく〈コース料理〉のようなものだと考えてください。

##  論理的思考力でヨコ読みをする　ポイント3

現代文の問題文はたいてい〈タテ書き〉ですから、行と行の関係を横につないで読んでいく〈ヨコ読み〉が大切になります。〈ヨコ読み〉は、〈論理的思考力〉による〈同値（＝）〉と〈対立（↔）〉でつないでいきます。複雑に見える関係も、何らかの意味での〈同値（＝）〉と〈対立（↔）〉の組み合わせです。コンピュータの情報読解も〈同値（＝）〉と〈対立（↔）〉とを〈0〉と〈1〉の二進数に置き換えて行っています。
では1段落の内容を〈客観的思考力〉に基づき、〈論理的思考力〉を用いて把握していきましょう。
冒頭に漢字が11文字も並んでいて、驚いた人もいるかもしれませんが、忘れないで欲しいのは文字の背後に必ず筆者がいるということです。私たちはその筆者の考えを理解しようとしているのです。客観とは他者の主観をとらえることです。

まず第一文の末尾には「……ということに議論の余地はない。」という〈形式〉があるので、これが筆者の〈考え〉の基盤であると〈客観的〉に理解できます。

次に第一文とそれ以下の文を〈同値（＝）〉と〈対立（↕）〉でつないでいきます（本書での〈対立〉は相違点や対比の意味であって、反対の意味ではありません）。

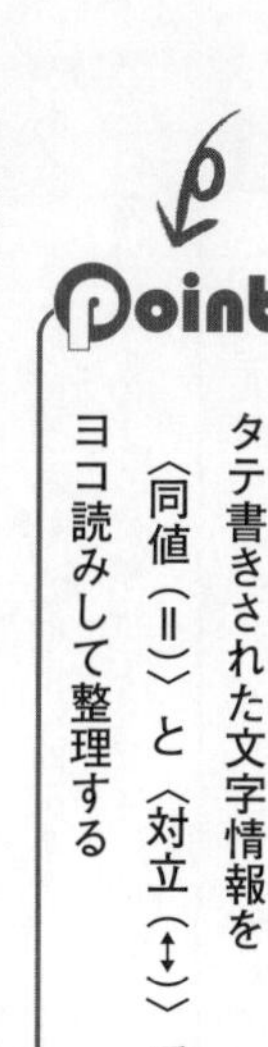

今は読解力をつけるためのトレーニングですから、空欄部 A ～ D を気にせず、ヨコにつないで読んでいきます。まずは＝と↕でつなげる語句を見つけて、次のように〈読解マップ〉でチェックしてみましょう。

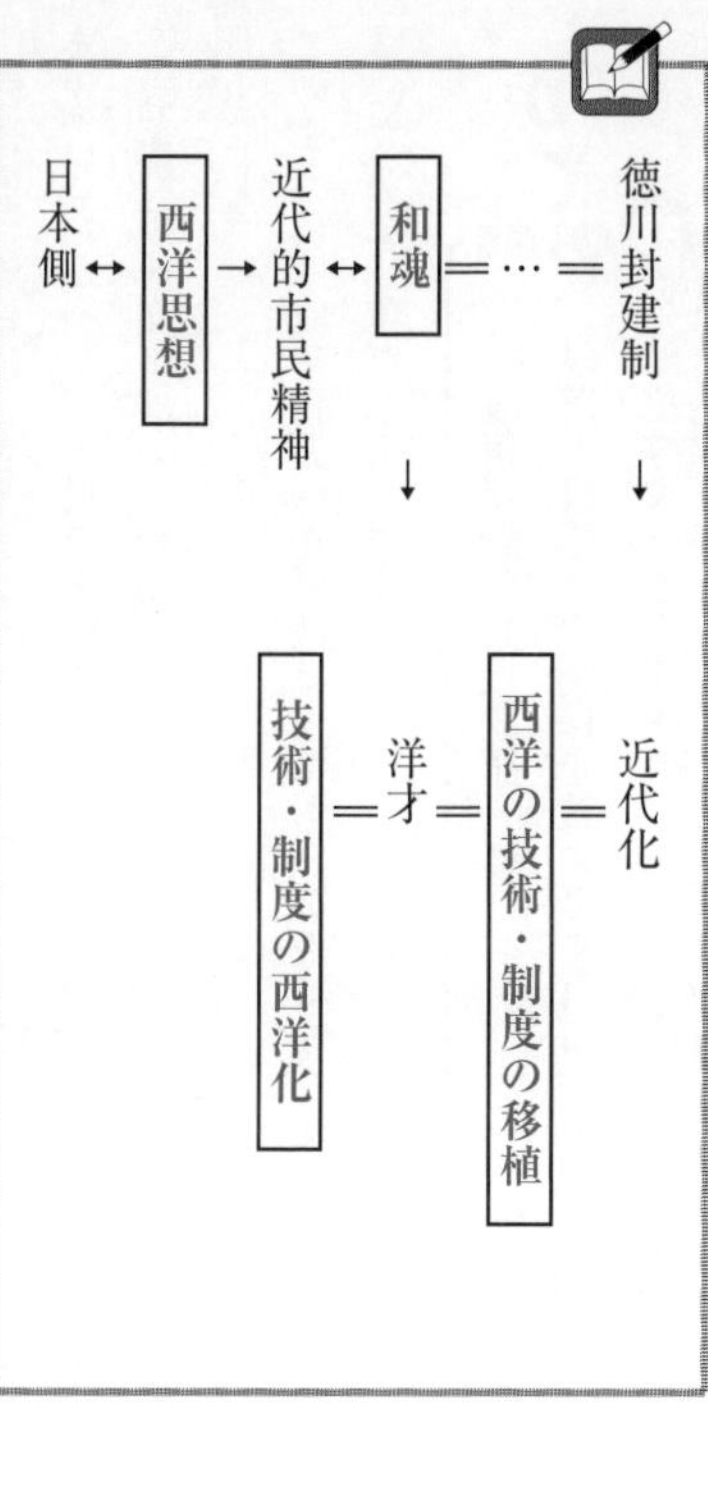


同じようにして、今度は②段落の内容を〈客観的思考力〉に基づき、〈論理的思考力〉を用いて整理していきましょう。

## ◆ 段落冒頭の接続語に注目　ポイント4

2段落の冒頭には、「しかし」という〈逆接〉を示す〈接続語〉（接続詞ではなく接続する言葉という意味で使っています）があります。したがって、1段落と2段落は〈対立〉の関係でつながっていることがわかります。確認しておきましょう。

2段落の第一文には「一般に日本側というものはない」とあり、1段落の終わりの「日本側」を「一般」として受け取れないと説明しています。

このように、段落冒頭の接続語はとても重要な役割を果たしています。段落同士の関係を示す方向指示器（ウィンカー）のような言葉です。

常に大切な言葉だと思ってください。

**段落冒頭の〈接続語〉は段落と段落との関係を教えてくれるので必ずマークしておく**

常に大切なので、常にマークして注意するようにしておくといいでしょう。

「一般」に、「日本側」というものがないということを、「一般」の反対語である〈個別〉を使って言い換えれば〈日本側に個別がある〉＝「農民があり、都市の商工業者がある」ということになります。

2段落は以下のように整理できます。

一般に日本側というものはない＝農民があり、都市の商工業者がある

＝

農村と都会とを区別しなければなるまい

＝

農村＝「物納地代」「家族制度」「家族制度に伴う F 」も「変らなかった」

↔

近代市民精神

## ◆ 段落冒頭の指示語に注目　ポイント5

3段落の第一文には「そこ」という指示語があります。「そこ」という場所を示す指示語は2段落に出てきた「農村」という場所を指しています。

3段落の最初の言葉ではありませんが、今のように、指示語の指している内容（＝指示対象）が同じ段落ではなく前の段落にある場合は、段落冒頭の指示語として扱い、前の段落との関係を示す言葉として注意しましょう。

**段落冒頭の〈指示語〉は**
**段落と段落との関係を教えてくれるので**
**必ずマークしておく**

ここでも常に大切だと考えて、常にマークし注意するようにしておきましょう。このことはポイント4（p.18）の〈接続語〉の場合と同じです。

## ◆ 否定形・否定内容に注目　ポイント6

3段落の第一文は「西洋化は当然そこ（＝「農村」）での問題ではなかったにちがいない」となっていますが、ここには「なかった」という否定形があります。

〈XはYではなかった〉と言えば、〈XはYと同値ではなかった〉ということですから、常に〈X↕Y〉という〈対立〉の関係を示します。

**否定形は常に**
**〈同値〉ではないというカタチで**
**〈対立〉を示している**

2段落で「農村と都会とを区別しなければなるまい」と考えていた筆者は「そこ（＝「農村」）」と対立する「都会」について今度は3段落で説明していくことになります。「都会において」とあるのはそのためです。

3段落は以下のように整理できます。

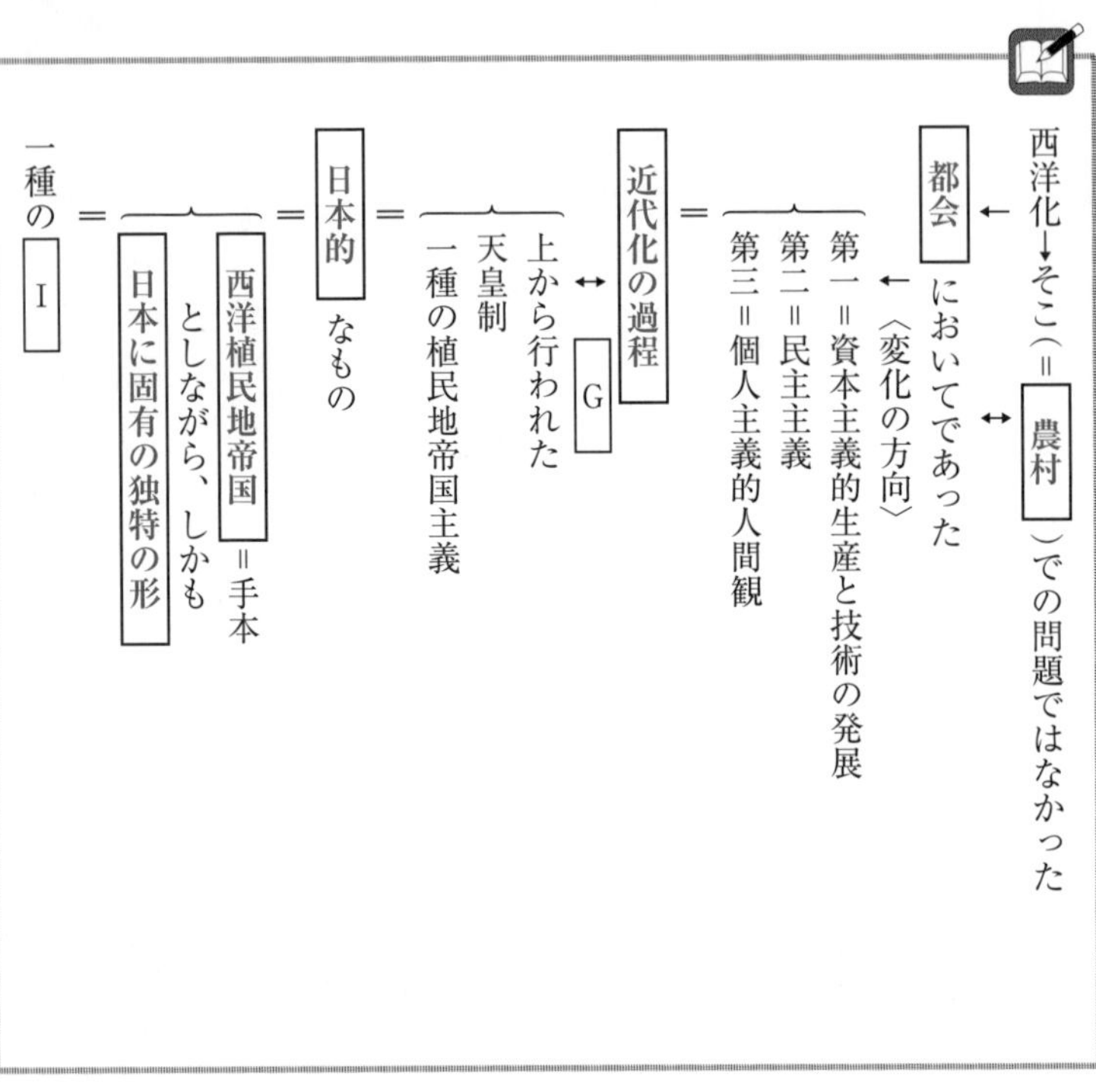

##  〈末尾→冒頭〉で全体を把握　ポイント7

ここまでは問題文を冒頭から末尾まで、言葉や段落のカタチに沿って筆者の考えを〈客観的思考力〉によって把握し、〈同値〉と〈対立〉による〈論理的思考力〉を用いて〈読解マップ〉に整理をしてきました。

最後に必要なのは〈構造的思考力〉です。

〈構造的思考力〉＝全体の〈主題＝テーマ〉と〈主張＝メッセージ〉を見渡すことであったということを思い出してください。

では〈全体を見渡す〉ためには、どうすればいいのでしょうか。

〈全体〉とは〈冒頭〉から〈末尾〉までの全域を指すわけですから、どうしても〈末尾〉の内容から〈冒頭〉の内容を〈振り返る〉必要があります。全部を読むだけでなく、全体をとらえることで初めて見えてくるものがあります。

たとえば、きょう一日や今年一年の全体を把握することができるのは、一日や一年の終わり〈末尾〉から今朝の事や年の始まり〈冒頭〉を振り返ったときです。

〈全体を把握するために、〈冒頭〉〈初心〉〈始まり〉を振り返って見渡すという習慣をぜひ生活にも取り入れてください。**【解答欄ノート】**のワークシートもそれを取り入れるための工夫の一つです。〉

**問題文〈末尾〉の内容から**
**問題文〈冒頭〉の内容を振り返って**
**〈全体〉の主張を把握する**

では実際にやってみましょう。

末尾には［Ｉ］があって読みにくいですが、「日本的なもの」＝「西洋植民地帝国を手本としながら、しかも日本に固有の独特の形」＝「一種の［Ｉ］」という内容がありました。

冒頭に戻って、この内容と関連づけられるところを探してみましょう。

すると、「近代化」＝「明治維新後には西洋の技術・制度の移植がはじまった」＝「和魂洋才」＝「概してそうだったといえるかもしれない」という内容がありました。

末尾と冒頭を見比べると以下のような〈同値〉の関係を見出すことができます。

・日本に固有＝**和魂**
・近代化＝西洋植民地帝国を手本＝明治維新後には西洋の技術・制度の移植がはじまった＝**洋才**

ここから、問題文全体の要約を考えていきます。〈要約〉を作るには〈全体〉の主張の把握が前提となります。そのために、末尾と冒頭とのつながりを考えました。

## ◇ 要約の訓練で解答力アップ　ポイント8

要約を作る訓練は、全体把握の訓練であるだけでなく、解答力の基礎作りとなります。各レッスンごとに要約を記述する設問を付けたのもそのためです。

入試問題の出題者は問題文の大切なこと、つまり筆者のイイタイコトがわかっているかどうかを受験生にきいてきます。つまり〈出題者〉の〈キキタイコト〉は〈筆者〉の〈イイタイコト〉を中心とするので、要約を記述できる力がつけば、あらゆるタイプの設問に対応できるようになるということです。

難しい問題に出くわしたときは、筆者がこの箇所で一番イイタイコトは何かを参考にして考えるようにしましょう。

それはマークシート式の設問でも記述式の設問でも同じことです。

**Point**

出題者のキキタイコトの中心は
筆者のイイタイコトだから
要約の訓練で解答力をアップさせる

## 要約作りの思考手順　ポイント9

まずは問題文全体の一番大きな枠組みの把握から始めましょう。

文章を読むことを山登りに例えると、まずは山全体がどこにあるかを知らないと、山登りに出かけられないのと同じように、文章全体が何について書かれているのかという〈主題＝テーマ〉を把握しないと、全体の理解を進めることができません。

〈主張＝メッセージ〉は後回しです。他人の文章を読んだり話を聞いたりするときも、また自分が文章を書いたり人前で話したりするときも、ぜひ同じ手順で考えるようにしてください。

何が書かれているか何が話されているか、あるいは何を書こうか何を話そうかではなく、まず先に〈何について（about what?）〉とだけ、考える思考習慣を付けてください。理解力も記述力もアップするでしょう。

それができたら、次に〈主張＝メッセージ〉の把握です。ただし、多くの場合、〈主張＝メッセージ〉は〈主題＝テーマ〉よりも複雑で、入試に使われる問題文は、必ずある種の因果関係を含んでいます。そこで、〈主張＝メッセージ〉を〈結論〉と〈根拠〉とに分けて考えた方がいいでしょう。

二つのうちで先に考えるべきは〈結論〉です。何を主張しメッセージとしているかとは考えないで、〈結局何なのか（so what?）〉とだけ、考える思考習慣を付けてください。

これは山登りでいえば、山の頂上の把握です。一番高いところ＝一番イイタイコトと考えていいでしょう。

そして最後に〈なぜそう言うのか（why say so?）〉を把握します。

なぜこの手順がいいのでしょうか。実はここでも〈振り返る〉という思考を使うことによって、〈結論〉＝頂上＝一番イイタイコトと明確につながる〈根拠〉を見出そうとしているのです。山の頂上＝〈結論〉がわかってこそ、登山ルート＝〈根拠〉も決めることができるでしょう。

もし逆に、大切そうな内容をすべて〈根拠〉とし〈結論〉を後回しにして考えていると、どうしても大雑把な根拠説明となり、余計なものが含まれてしまい、〈結論〉までが不明瞭なものとなったり、解答から抜けてしまったりしがちです。〈結論〉につながる内容こそが大切な〈根拠〉になると考えてください。

要約がうまくできていない答案のほとんどは、〈結論〉の不明瞭なものです。そうならないためにも、思考の手順をぜひ守ってください。

（何かを達成したいときも同じです。ゴールや目標といった〈結論〉的なものを先にとらえてから、過程や方法といった〈根拠〉的なものを後で考えると効率を上げやすくなるでしょう。）

**要約作りの思考の手順は**

① **何について（主題＝テーマ）**
② **結局何が言いたいのか（結論）**
③ **なぜそう言うのか（根拠）**

## ◆ 主題＝テーマ〈何について〉の把握　ポイント10

先ほど、末尾と冒頭をつなぐときに考えた〈読解マップ〉（p.22）を参考に考えていきます。

・日本に固有＝**和魂**
・近代化＝西洋植民地帝国を手本＝明治維新後には西洋の技術・制度の移植がはじまった＝**洋才**

これを利用し、〈主題＝テーマ〉を二つの要素「日本に固有」と「近代化」の合体として大きくまとめます。

①（主題＝テーマ）**日本**の**近代化**

**Point**

〈末尾〉から〈冒頭〉を振り返り
テーマ〈何について〉を
要約する時の最初に考える
構造

## ポイント11 結論〈結局何が言いたいのか〉の把握

〈結論〉は先ほどの〈読解マップ〉（p.24）を埋めることから、把握できたかと思います。〈結論〉とは〈主題＝テーマ〉についての最終的な判断です。

簡単に〈結論〉をまとめてみましょう。

②〈結論〉 和魂洋才 によるものであった

また、3段落で、この〈結論〉は「西洋化の過程ではなかった」と否定形による〈対立（↕）〉を用いて、逆に「日本的なもの」ともされていました。このことについても、1段落を振り返って利用し、「西洋化の過程」の内容を具体化して記述することができます。

したがって、結論は否定形を用いて、さらに以下のようにまとめることができます。

②〈結論〉 西洋思想 を媒介とする 近代的市民精神 によらず、和魂洋才 によるものであった

**Point**

結論〈結局何が言いたいのか〉は
テーマについての最終判断＝主張であり
〈末尾〉から〈冒頭〉に戻って具体的に解答する
構造

## ◆ 根拠〈なぜそう言うのか〉の把握　ポイント12

問題文の末尾から冒頭に戻って、全体の〈構造〉がどのように作られていたかを振り返ってみましょう。〈構造〉とは先ほどの山登り（p.23）の比喩でいえば、山の輪郭＝稜線（りょうせん）です。

筆者は〈主題＝テーマ〉から〈結論〉を引き出すために、まず1段落で〈日本の近代化〉は「西洋の技術・制度の移植（技術・制度の西洋化）」に始まるとした後で、次に2段落で「日本側」を「農村」と「都会」の二つに「区別」して考えることが必要だと述べ、さらに2段落と3段落とで分けてそれぞれを論じていました。

このことを利用して〈根拠〉を次のようにまとめることができます。

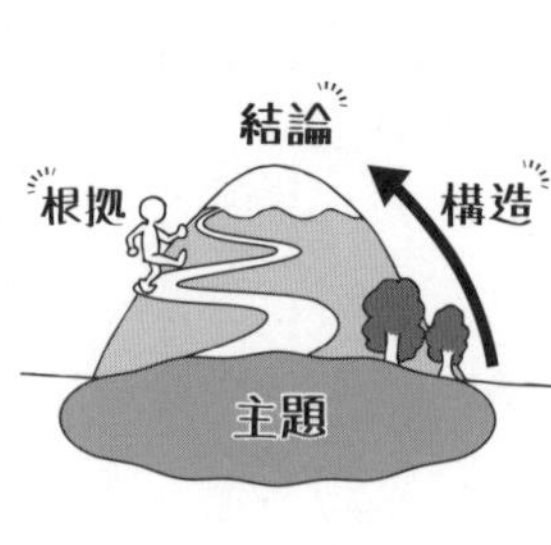

③〈根拠〉…西洋の技術・制度の移植（技術・制度の西洋化）に始まり、農村も西洋化されず、都会も日本に固有の植民地帝国主義を築いたのだから…

Point

根拠〈なぜそう言うのか〉は
結論を把握した後で
問題文の構造を振り返って把握する

## ◆ 問題文全体の要約を作る　ポイント13

①〈主題＝テーマ〉→②〈結論〉→③〈根拠〉の思考手順で得た内容を合わせて、要約を作ります。

記述していく順序に決まりはありませんが、思考手順とは違って、

①〈主題＝テーマ〉→③〈根拠〉→②〈結論〉

の順で書いていくと、まとめやすいことが多いでしょう。

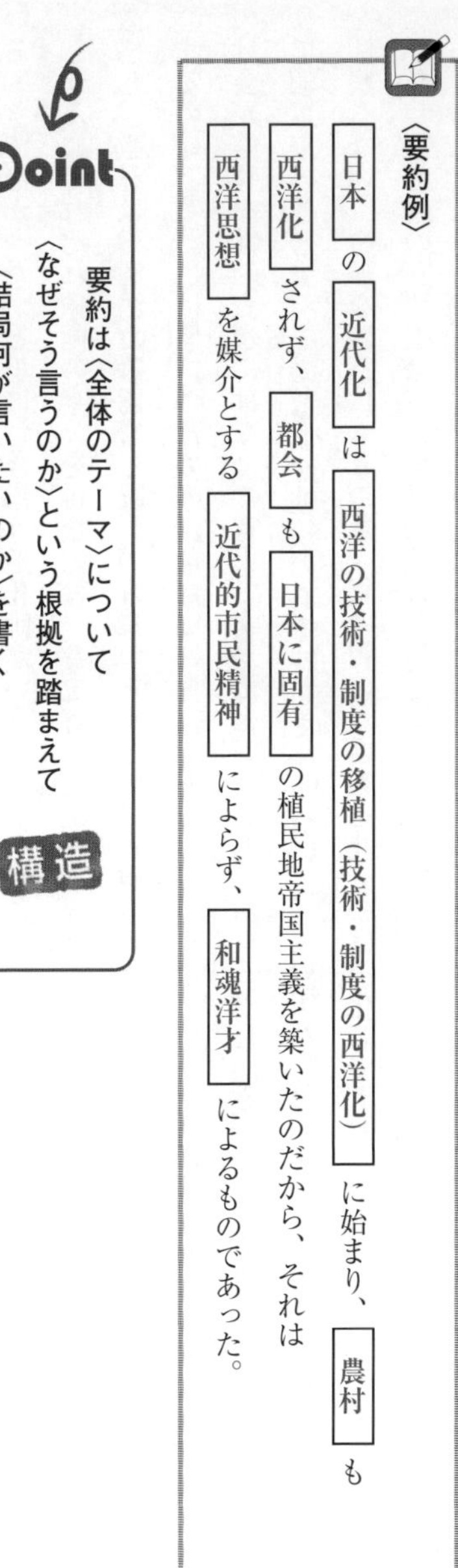


これで、【1】の設問を解く準備が整いました。

ここからは、ポイントなどで習得した思考力を用いて、再度設問にのぞんでください。

あくまでも、現代文が語彙力を基盤にした、三つの思考力（①客観的思考力 ②論理的思考力 ③構造的思考力）を鍛える科目であることを忘れないでください。

また、【ワークシート】は必ず、演習後や復習後に、それぞれ埋めるようにしましょう。そうして初めて、今後に生きる深い学びを得ることができます。

# Lesson 2 抜き出し・脱文挿入の解答力

抜き出しの設問は、設問の条件に合う言葉を問題文から探します。脱文挿入の設問は、今度は出題者が抜き出したものを問題文の元の箇所に戻します。こういう設問は能率よく解ければ得点源になりやすいのですが、下手をすると時間がかかるため、点差のつく設問形式です。

次の文章を読んで、後の問いに答えよ。（50点）

『リヤ王』は、一六世紀末一七世紀初めのイギリスの役者シェークスピア（一五六四—一六一六年）の作った名高い芝居の一つである。その話のすじは、複雑であるから、その主題（あるいは「メッセージ」）も、さまざまに解釈することができる。可能な解釈のなかの一つは、この芝居をリヤ王の変身の物語とする見方である。

老いたリヤ王が三人の娘の上の二人に領国を分かち与え、末の娘との縁を切る。これは上の二人が巧みに諂（へつら）い、末娘が媚（こび）ることをきらったからである。すなわち主人公の愚行から話がはじまる。「聡明（そうめい）になるまでは老いるべきでなかった」と王に付き添う道化師がいうのは、Aそのことである（第一幕、第五場）。

しかるにそれぞれ領国の半分を得た娘は、身を寄せた王を手ひどく扱う。その「忘恩」に対してリヤ王は、激怒し、激怒は、滔滔（とうとう）たる罵詈（ばり）と呪（のろ）いの言葉の奔流として表現される。それを聞いて、または読んで、私が感心するのは、英語には悪口のための語彙（ごい）が実に豊富であったということ、一六世紀末一七世紀初めのイギリスの社会が露骨な性的表現にはなはだ寛大であったということである（それが寛大でなくなったのは、ヴィクトリア朝以来のことで、その習慣が戦後のある時期までつづいた）。いずれにしても、怒り狂う人物は、世の中を観察しない。冷静な観察にもとづき、気の利いた言葉を吐くのは道化師である。

すなわち芝居のリヤ王は、まず行動の人としてあらわれ、B次に激情の人としてあらわれる。そのいずれの段階でも、観察（と理解）の人は、王ではなくて、道化師である。ところが、第三段階に到ると、二人の娘に追い出され、従う者少なく、荒野に彷（さまよ）う王は、全く無力であり、絶望し（すなわち激情さえもおこらず）、ほとんど狂気の状態となる。と同時に、道化師に代って、権力と社会の鋭い観察者（理解者）となる。まさに登場人物の一人がいうとおり、「狂気のなかの正気」（第四幕、第六場）である。

そこでリヤ王は、何をいうだろうか。たとえば乞食に吠える犬について、「いかなる権威であろうと権威に服するのが犬である」という（第四幕、第六場）。その後三百余年、ポール・ニザンが「番犬」について語ったのは、つまるところ同じ事である。また「粗末な服を透しては小さな罪も眼にみえる、美服と毛皮はすべてを隠す」というのも（第四幕、第六場）、その後三百余年、汚職は大きければ大きいほど摘発され難いという今日の事情に呼応する。たとえば一九七四年のアメリカで、元大統領は赦に浴し、協力した顧問たちが罪を着る（七五年判決）ようなものである。そういうことの全体が、観察者となったリヤ王にとっては、「道化師（ばか者）の大舞台」にすぎない（第四幕、第六場）。一度は末娘に救われ、やがて彼女と共に上の娘二人の軍勢の虜囚となった彼は、二人に会いに行こうかという末娘の言葉に、「いや、いや、牢獄（ろうごく）へ行こう、行って籠（かご）の鳥のようにわれわれだけの歌を唱（うた）おう」とこたえる。「牢獄の壁のなかで」「誰が敗れ、誰が勝ち、誰が来り、誰が去るか」、権力の消長をながめて暮そうというのである（第五幕、第二場）。この時のリヤ王は、ほとんど歴史家に近い。

C リヤ王の正気は、狂気のなかにあらわれる。歴史と社会の観察者は、歴史への参画と社会的行動の終った後に成立する。認識の主体は、同時に行動の主体ではあり得ないということなのか――。問題はあらゆる水準で常に提出されていて、しかも一時的な解答を見出し難いから、シェークスピアはこの芝居を作ったのかもしれない。

（加藤周一「狂気のなかの正気または『リヤ王』の事」省略した箇所がある）

**要約** 問題文を一〇〇字以内で要約せよ。

（草稿用）

| | | | |
|---|---|---|---|
| | | | |
| | | | |
| | | | |
| | | | |
| | | | |
| | | | |
| | | | |
| | | | |
| | | | |
| | | | |
| | | | |
| | | | |
| | | | |
| | | | |
| | | | |
| | | | |
| | | | |
| | | | |
| | | | |
| | | | |
| | | | |
| | | | |
| | | | |
| | | | |

**設問**

**問一** 傍線部Aの「そのこと」の内容を示す一文の最初の五字を抜き出せ。（10点）

**問二** 傍線部Bの「次に激情の人としてあらわれる」の原因を示す最も適切な語を抜き出せ。（10点）

**問三** 傍線部Cの「リヤ王の正気」とは、リヤ王がどのような存在になったことをいうのか、それを示す最も適切な一〇字程度の言葉を抜き出せ。（10点）

**問四** 以下にあるア・イの文は、それぞれカッコ付きで本文の中にあったものである。どこにはいるのかを考えて、その直前の五字を書け。（10点×2）

ア（すなわち行動の可能性を失い）

イ（日本語にくらべれば今でも豊富である）

## 語句

▼**諂(へつら)う**…相手に気に入られるようにへりくだってふるまう。

▼**しか(然)るに**…①そうであるのに。②そうであるなら。③さて。
　現代文では①の意味が多い。

▼**滔滔(とうとう)**…①水が勢いよく盛んに流れる様子。②弁舌がよどみない様子。

▼**奔流(ほんりゅう)**…勢いの激しい流れ。

同音異義 **本流**(=本筋の流れ・中心となる流派)

▼**露骨(ろこつ)**…感情や欲望を隠さずにあらわすこと。むきだし。

▼**赦(しゃ)**…罪や過ちをゆるす。

▼**虜囚(りょしゅう)**…敵に捕らわれている人。

## 現代文キーワード

□**権威**…①他を支配し服従させる威力。②ある分野で抜きん出て優れていると一般に認められていること。=オーソリティ【authority】

関連語 **権威主義**…権威を振りかざす・無批判に権威に従う行動様式。非民主主義的な思想・運動・体制。

□**認識**…知覚(=感覚を通して知ること)に基づき、解釈することによって理解すること、またその結果得られた知識。

□**主体**…①行為を働きかける側・自分の意志に基づいて行動する存在。②集団・組織・構成の中心。⇔客体

## 人物

▼**シェークスピア**…William Shakespeare (1564 ~ 1616)。イギリスの詩人・劇作家。『リヤ王(リア王)』は、『ハムレット』『オセロ』『マクベス』とともに四大悲劇といわれる。

▼**ポール・ニザン**…Paul Nizan (1905 ~ 1940)。フランスの小説家、評論家。

## 確認問題

**1** 空欄に共通する二字の漢字を入れて類似の四字熟語を完成させなさい。

罵詈□□=悪口□□

**2** 「寛大」の「寛」を使うものを選びなさい。

①カン案 ②カン要 ③カン容 ④カン念

**3** 空欄に漢字を入れてそれぞれの類義語を作りなさい。

①冷静=□着
②消長=□衰

答 **1**雑言 **2**③(①勘案 ②肝要 ④観念) **3**①沈 ②盛

## ◇ 三つの思考力を身に付ける

ポイント0 ➡ p.14

【2】で使用する思考力はもちろん【1】と同じです。

では、復習しておきましょう。

現代文で問われる力は、〈語彙力〉を基盤とする三つの〈思考力〉でした。

一つ目は〈客観的思考力〉。言葉の〈カタチ＝形式〉を見出して、〈筆者の考え＝内容〉を把握することが大切です。

二つ目は〈論理的思考力〉。客観的思考力で得た内容を見比べて、〈同内容・言い換え＝同値（＝）〉の関係と〈違い・対比＝対立（↕）〉の関係を把握することが大切です。

三つ目は〈構造的思考力〉。論理的思考力で得た関係性から問題文や段落などの全体を見渡して、〈主題＝テーマ〉についての〈主張＝メッセージ〉を把握することが大切です。

いわば〈見出す〉→〈見比べる〉→〈見渡す〉という三つの〈見る〉力、これこそが現代文で鍛えるべき三つの思考力でした。

〈客観的思考力〉で形式段落に注目するという点でも、【1】と同じです。

まずは1段落です。

## ◇ 限定表現に注目

ポイント14

1段落は三つの文で構成されていますが、いずれも「『リヤ王』は…」「その話（＝『リヤ王』）のすじは…」「（『リヤ王』の）可能な解釈のなかの一つは…」とあるため、1段落の話題は一貫して『リヤ王』についてです。またここには、「なかの一つ」という限定する表現も出てくるので注目しましょう。

筆者が何かに限定する表現（＝限定表現）を用いるのは、読者がその限定内容に興味をもち注目するようにうながしたいからです。カメラワークで言えば、集団の中の誰か一人や何かの一部だけをズームアップすることで、注目させようという表現法です。

限定表現というものは
読者が限定内容に興味をもち
注目することを求めている

このポイントを踏まえて、①段落を整理してみます。

『リヤ王』の話のすじ＝さまざまに解釈
≦〈限定〉
〈注目〉リヤ王の変身の物語＝可能な解釈のなかの一つ

## 前段落との同値に注目　ポイント15

①段落の末尾には「リヤ王の変身の物語とする見方」とありましたが、②段落にある「…から話がはじまる」（5行目）という〈順序〉を示す表現に注目すれば、「変身の物語」について述べていた前段落との〈同値〉の関係を把握することができるでしょう。

Point

前段落との〈同値〉という論理から
筆者が大切だと考えている
重要内容を把握する

また、この「…から話がはじまる」という語句を含む文の冒頭には「すなわち」とあり、直前部分を〈同値〉の関係でまとめている点でも重要内容を含む箇所であると理解できます。

②段落を整理してみましょう。

リヤ王の変身の物語（1段落）

＝

リヤ王が三人の娘の上の二人に［領国を分かち与え］↕ 末の娘との［縁を切る］

＝（すなわち）

上の二人が巧みに諂い → 　↕　末娘が媚ることをきらった →

［主人公の愚行］から話がはじまる

## ポイント16

## ◆ 前段落との対立に注目

3段落の冒頭には「しかるに」という接続語がありました。ポイント4（p.18）を思い出してください。〈［段落冒頭］〉の〈接続語〉には必ず注目です。ただし、「しかるに」という接続語は、通常の現代文では〈対立〉を示す逆接の接続語ですが、元来3つの役割（p.31）があるので要注意です。ここでは、前の段落（2段落）と3段落の内容から確認する必要があります。「リヤ王が三人の娘の上の二人に領国を分かち与え」（4行目）↕「それぞれ領国の半分を得た娘は……王を手ひどく扱う」（7行目）という箇所から逆接であると確認できます。3段落は2段落との〈対立〉で始まることになります。

ここでのポイントは、先ほどのポイント15（p.33）とペアで理解しておきましょう。〈同値〉と〈対立〉は論理の基本だからです。筆者はここで前段落との〈対立〉によって、大切な内容を論理的に伝えようとしています。

前段落との〈対立〉という論理から
筆者が大切だと考えている
重要内容を把握する

論理

前段落との〈対立〉の関係に基づいて3段落を整理してみます。

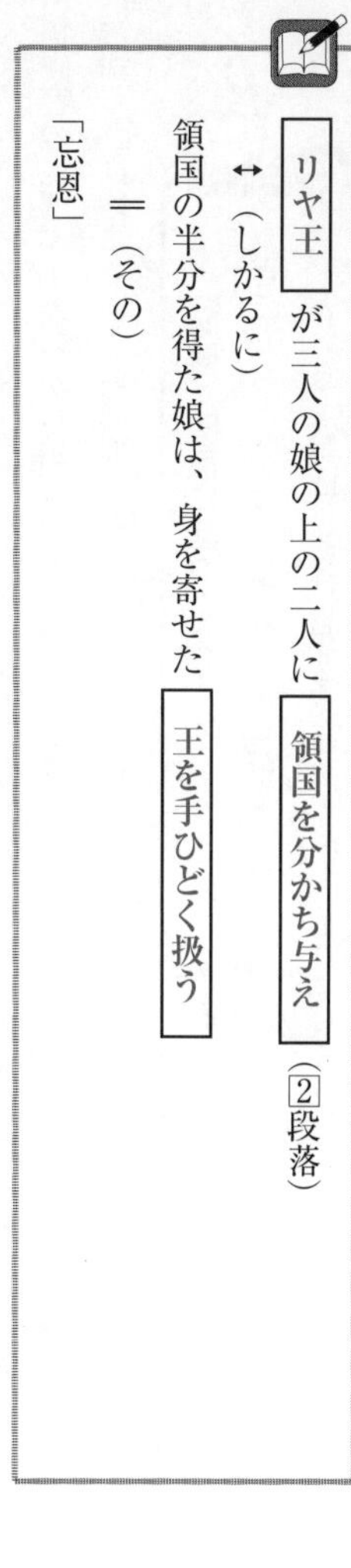


また、8行目の「それを聞いて」以降は、1段落にあった「リヤ王の変身の物語」という主題から外れて「英語」の話題となっており、11行目のまとめの言葉「いずれにしても」以降から「リヤ王」の話題に戻るので、「それを聞いて…」（8行目）から「…までつづいた）。」（11行目）までを大きな（ ）にでも入れて、この箇所は補足説明にすぎない（主題でも主張でもない）と考えます。

補足説明や具体例や引用などは、筆者が主題について直接的に説明している部分ではないので、**重要度が低いと考えて（ ）に入れ、その前後をつないで読むことが大切です。**

主題である「リヤ王の変身の物語」に関する説明の部分だけをまとめていきましょう。またここでは、ポイント6（p.19）を思い出してください。「～しない」（12行目）とありましたが、否定形・否定内容は〈対立〉の関係を示します。

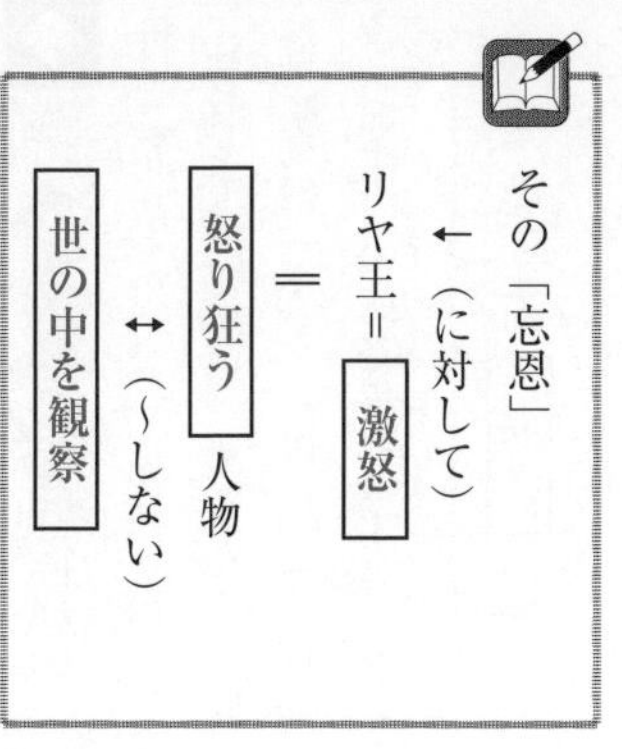

## ポイント17 同値内容の範囲に注目

4段落においても、先ほど出てきたポイント4(p.18)を思い出して、「すなわち」という〈段落冒頭〉の〈接続語〉に注目してください。すると、4段落が前段落との〈同値〉から始まることがわかります。

冒頭文の「まず」「次に」(13行目)が〈順序〉を示す言葉であることに注目し、前段落と4段落冒頭との関係をまとめてみます。〈順序〉の内容は〈A→B〉というカタチで客観的に把握してください。

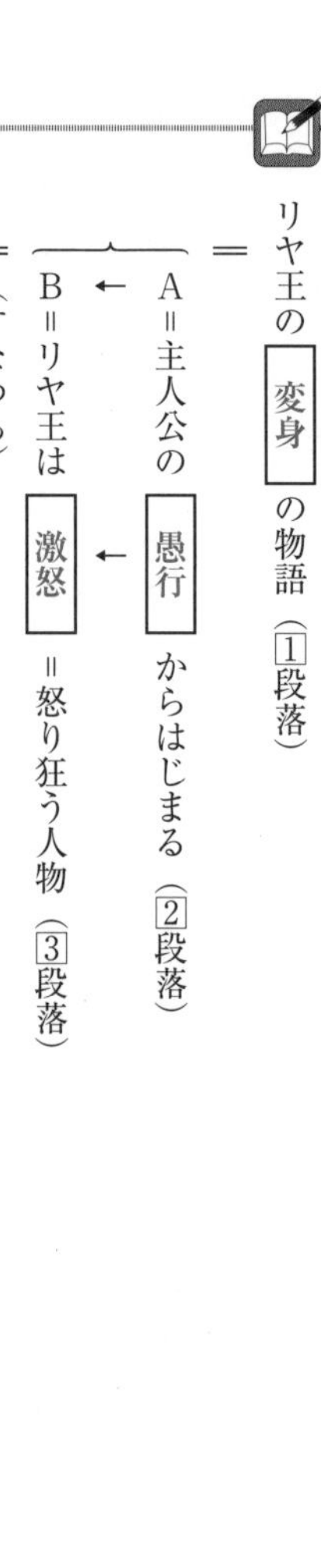


「愚行」＝「行動」＝Aとし、「激怒」＝「激情」＝Bとすると、「リヤ王」の「変身」＝〈A→B〉ということになります。

ここで立ち止まって、〈同値〉の関係にしっかりと注目してください。「すなわち」という言葉によって示される4段落冒頭文と同値内容の範囲が1段落から始まっていることが確認できますね。つまり4段落冒頭文は、「すなわち」という言葉を使って、1段落から3段落までの広い範囲をまとめていたわけです。

〈同値〉関係に基づく文がどこからどこまでの内容をまとめているかという〈範囲〉に注目する

## ◆ 二項対立の対立点に注目 ポイント18

14行目には「第三段階に到ると」という言葉が出てきます。したがって「変身」はさらに〈A↓B↓C〉と三段階にわたると理解できます。

「〜となる」（16行目）というカタチの二つの文末表現に注目すると、〈客観的思考力〉によって、以下のようにまとめることができます。

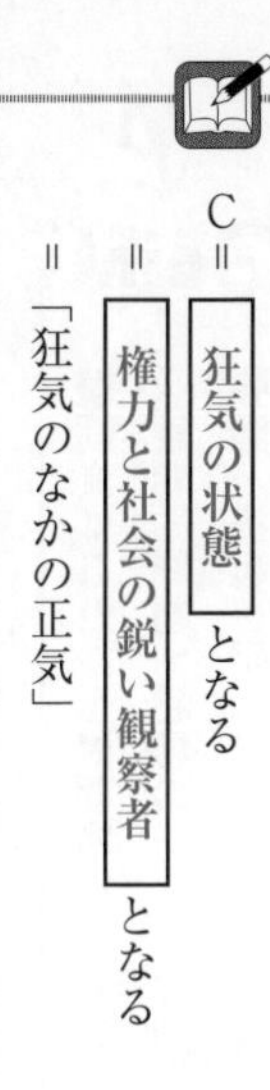

C＝狂気の状態となる

＝権力と社会の鋭い観察者となる

＝「狂気のなかの正気」

そしてもう一つ、ここで重要なことは、「第三段階に到ると」（14行目）の文頭に「ところが」という〈対立〉を示す逆接の接続語があったことです。筆者はいったい何を〈対立点〉として伝えようとしているのでしょうか。

ポイント6（p.19）を思い出してください。〈否定形・否定内容〉には注意が必要でした。そこで、「なくて」（14行目）という否定形を含む文に注目して、〈対立点〉を明らかにしてみましょう。

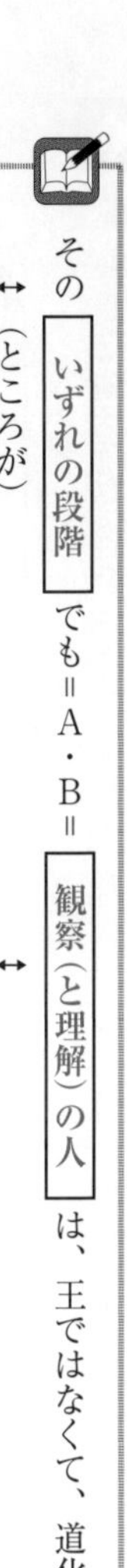

そのいずれの段階でも＝A・B＝観察（と理解）の人は、王ではなくて、道化師である

↔（ところが）↔

第三段階に到ると＝C＝王は…道化師に代って、権力と社会の鋭い観察者（理解者）となる

このようにして〈対立点〉は、〈A・B↕C〉の〈対立〉における「観察と理解の人」＝「鋭い観察者」が「道化師（王）」か「王（道化師）」かという点であると理解できます。

そしてここまでの主題は「リヤ王の変身の物語」（3行目）ですから、リヤ王が「観察（と理解）の人」＝「鋭い観察者（理解者)」＝Cとなったことが大切な「変身」だったわけです。また、「狂気の状態となる。と同時に」そのようになった「リヤ王」のことを別の言葉で「「狂気のなかの正気」」と表現しています。

対立する二つの内容が
どういう〈対立点〉をもつのか
に注目しておく

## ◆ 疑問文は話題を明示　ポイント19

5段落の冒頭には「そこで」という言葉が来ています。ポイント4(p.18)を思い出してください。〈段落冒頭〉の〈接続語〉に注目です。「そこで」は、〈XそこでY〉＝〈Xの次にY〉と〈順序(因果と話題転換の二つの場合がありますが、ここでは話題転換しないので因果)〉を示す言葉ですから、「リヤ王」が「『狂気のなかの正気』」にあるために、「何をいうだろうか」ということが述べられると理解できます。評論の中に登場する〈疑問文〉は、会話と違って誰かに質問しているというわけではありません。そうではなくて、ここに〈疑問〉〈問題〉〈話題〉があることを〈強調〉〈提起〉〈明示〉する表現として注目するべきです。

疑問文はこれから説明する
疑問・問題・話題の
強調・提起・明示である

ここで疑問文の直後に来ているのは具体例です。18行目の「たとえば」から22行目の「…に呼応する。」までが一つ目の具体例であり、22行目の「たとえば…」から23行目の「…ものである。」までが二つ目の具体例。この二つの具体例同士は直接にはつながっておらず、「そういう(こと)」という指示語を使ってまとめられてから「リヤ王」の話につながっています。

「何をいうだろうか」という疑問文に対する解答は、「　」部の引用でいくつか示された後、「権力の消長をながめて暮そう」と説明されていて、この箇所は4段落の「権力と社会の鋭い観察者(理解者)」という部分に対応しています。

## ◆〈サンドイッチの構造〉をつかむ　ポイント20

６段落の冒頭の「正気は、狂気のなかにあらわれる」という表現は、４段落末尾の「『狂気のなかの正気』」と対応しています。

前段落の５段落が、ほぼ具体例や引用であったのに対して、４段落と６段落は「リヤ王」について筆者の意見を一般論の形で説明しています。具体例や引用は（　）に入れて前後をつないで理解しましょう（ちなみに、〈具体例〉と〈具体的内容〉の区別がつきにくいときもあるでしょうが、そういうときは、他のものに置き換えが可能なら〈具体例〉と考えてください。置き換えが可能だから重要性も低いので（　）に入れているわけです。一方、〈具体的内容〉は置き換えが不可能な大切なものです。置き換えが可能な〈人々〉もいれば、置き換えが不可能な〈仲間〉もいる、というのと似ているかもしれません。もちろん大切なのは置き換えが不可能な人の方でしょう）。

５段落を具体例や引用として（　）に入れて考えると、ここには一種の〈サンドイッチの構造〉があると見ることもできます。４段落（**一般**論＝〈パン〉）＝５段落（**具**体例＝〈具〉）＝６段落（**一般**論＝〈パン〉）という構造です。〈一般〉という〈パン〉に、〈具体〉という〈具〉がはさまれて、まさに〈サンドイッチの構造〉ができているわけです。

最初のポイント０（p.14）で学習した〈三つの思考力〉のうちの〈構造的思考力〉の出番です。〈構造的思考力〉とは、〈テーマ（主題）〉について〈メッセージ（主張）〉を〈見渡す〉思考力のことでした。ここでは「リヤ王」について「正気は、狂気のなかにあらわれる」ということが主張されていたと理解することができます。

**Point**

**一般論で具体例をはさむ〈サンドイッチの構造〉をつかむことで〈テーマ〉〈メッセージ〉を理解する**

このことは、問題文全体を理解する場合にも有効です。

〈サンドイッチの構造〉

一般論（パン）
具体例（ぐ）
一般論（パン）

問題文末尾の文章「問題は**あらゆる水準**で常に提出されていて、しかも一時的な解答を見出し難いから、シェークスピアはこの芝居を作ったのかもしれない。」（30〜32行目）は、問題文冒頭の「その主題（あるいは「メッセージ」）も、**さまざまに解釈する**

ことができる。可能な解釈のなかの一つは、この芝居をリヤ王の変身の物語とする見方である。」（2・3行目）に対応していると見ることができます。特に太字・傍線部分同士の表現の対応に注目してください。

つまり、問題文冒頭（＝一般論＝〈パン〉）と2〜6段落前半（＝具体的内容＝〈具〉）と問題文末尾（＝一般論＝〈パン〉）という一種の〈サンドイッチの構造〉と考えることができるわけです。

ただし、4〜6段落の場合と違って、一般論ではさむ〈具〉の部分が単なる具体例ではなく、大切な具体的内容となっているので、（　）に入れて考えるわけにはいきません。この違いにも注意してください。

## ◆問題文全体の要約を作る

ポイント13 ➡ p.26

【1】で学習したポイント8（p.22）を思い出してください。〈出題者〉の〈キキタイコト〉は〈筆者〉の〈イイタイコト〉を中心とするので、要旨を記述できる力をつければ、あらゆるタイプの設問に対応できるようになるということでした。

ポイント9（p.23）で学習した〈要約作りの思考手順〉も思い出してください。

考えていく順序は、①〈テーマ（主題）〉→②〈結論〉、最後に③〈根拠〉の順番でした。

ではまず①から。〈何について〉の問題文であったかを考えます。

ポイント10（p.24）で学習したように、問題文の〈末尾〉から〈冒頭〉を振り返って考えるという思考が大切です。このことについては先ほどすでに〈サンドイッチの構造〉の説明で学びました。このことから以下のようにまとめます。

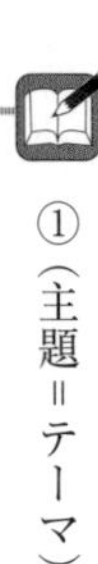

①〈主題＝テーマ〉　『リヤ王』の主題

次に②について。ポイント11（p.25）で学習したように、筆者は〈結局何が言いたいのか〉と考える必要があります。ここでも、先ほどの〈末尾〉と〈冒頭〉との対応をみれば、短くまとめることができるでしょう。

②〈結論〉　さまざまに解釈できるが、その一つは、変身の物語とする見方である。

最後に③について。ポイント12（p.26）で学習したように、問題文の〈構造〉を振り返って〈なぜそう言うのか〉と考える必要がありました。〈結論〉で答えたことを具体的に根拠づけるわけです。

問題文に「第三段階」（14行目）とあったので、これを利用して三つの〈構造〉で説明していきます。

③（根拠）…リヤ王が行動（愚行）の人から激情の人となり、さらに無力と絶望による狂気のなかでかえって権力と社会を鋭く観察する正気をもつに至る…

ポイント13（p.26）を思い出して要約例を作ります。

記述していく順序に決まりはありませんが、〈思考手順〉とは違って、

①（主題＝テーマ）→③（根拠）→②（結論）

という順序で書くと、まとめやすいことが多いと言いましたが、今回もこのことが当てはまります。

**〈要約例〉**

『リヤ王』の主題はさまざまに解釈できるが、その一つは、リヤ王が行動（愚行）の人から激情の人となり、さらに無力と絶望による狂気のなかでかえって権力と社会を鋭く観察する正気をもつに至る変身の物語とする見方である。

これで、この章の設問を解く準備が整いました。

ここからは、ポイントなどで習得した思考を用いて、再度設問に進んでください。

あくまでも、現代文が語彙力を基盤にした、三つの思考力（①客観的思考力　②論理的思考力　③構造的思考力）を鍛える科目であることを忘れないでください。

また、**【ワークシート】**で何を学んだかを明確にしましょう。

# Lesson【3】指示語・傍線部説明の解答力

指示語の設問にきちんと答えることができなければ、現代文の基礎を固めることはできません。また傍線部説明の設問は、記述式でもマーク式でも最頻出の設問形式なので、しっかりと学習してぜひ得意にしてください。

次の文章を読んで、後の問いに答えよ。（50点）

日本人のなかにも、自国人の表面的な無反応にたいして腹をたてている人はいるだろう。とくに西洋で長く暮して帰りたての人は、日本人の responsiveness の欠如を「豆腐にかすがい」「のれんに腕押し」と歯がゆく感じることだろう。日本人は反対の場合でもすぐ反対の意見を表明はしない。それで反対の意を示さずにただ黙っている場合が多い。上に立つ人は、黙っている人々の反対の気持も察してやらなければならない。日本人にとって民主主義とは強引な多数決原理の尊重ではなく円満な全会一致の尊重を意味しがちである。少数専制や少数横暴ならそれこそ非民主主義的行為といえるだろうが、日本で多数横暴という非難の声が多いのは、多数派が審議を無視し少数派の意見を汲(く)みあげないという傾向とも関係しようが、しかしより根源的には、「和を以(もっ)て尊しとなす」日本の精神的風土と関係しているのではないだろうか。日本は人口密度の高い島国の社会である。権利を権利として行使したり、反対意見をはっきりと述べれば角がたつ。隣家のテレビがやかましいときは、「すみませんが、子供が病気ですからテレビの音を少しさげていただけませんか」というように、別の口実を使う。日本は小さなうそが潤滑油のように使われている社会である。役職に選ばれたときの挨拶(あいさつ)は「このような職は私には過ぎたもので、ご辞退したいのでありますが、どうしてもということで」というような表現が修辞上の定型となっている。そのような社会では、自分から立候補することはむずかしい。出る杭(くい)は打たれるだろう。自分の周囲に保護集団があり、その配慮によってまじめに働いていれば、当然偉くなれるという期待をあてにできるところでは人々は自分からは立候補しないし、競争を忌避する。人々の挨拶は「どうぞよろしく」とか「お見捨ておきなく」というように受身的な希望の表明にとどまりがちである。しかし自分の才能を買ってくれるところで働きたい、と人々が思い、そのような横方向への流動性のある社会では、人々は自分で自分を売りこむようになる。自己主張が強くなり自己顕示的になる。Aそのような社会の構造が会話の条件にもたぶんに影響してくるだろう。

日本人は、会話の球を打ち返してくれない。悪口をいっているのにそれでも答えてくれない。そしてそれはじつは必ずしも悪意の依怙地(いこじ)な沈黙ではなくて、日本人が会話の球を打ち返す術をよくわきまえていないからである。試合にたとえれば、日本人はピンポンよりもゴルフを楽しむ人種であるといえようか。それも長者が一人でゴルフの球を打つのである。その際にピンポンと勘ちがいして、飛んできた相手の球をはっしと打ち返したならば、必ずだれかがそれによって傷つけられるだろう……日本の学生は教師にたいして矯激(きょうげき)に反逆することがあるが、それは平常、目上の人に対して反対意見を述べる習慣がついていないので、いったん反対するとなると発言者が興奮してしまうという面があるからではないだろうか。

それにたいして西洋のサロンとか食事どきの会話は、異なったさまざまの人が集まって、社交を楽しもうとするものである。その集いはたがいに相手の話を聞き、それを享受しよう、そしてたがいになにかしらうるところがあろう、という期待から成り立っている。そしてその座をうまくとりもつのが西洋の優れた女性の役目である。そのサロンでは、話題の球を一人が打てば、相手はそれを打ち返さなければならない。それは試合にたとえれば、ピンポンのようなもので、こちらが球を打っているのに相手が打ち返してくれないのなら、たとえ相手が微笑して自分にお世辞を呈してくれようとも試合は成り立たず、索然として興は湧(わ)かないだろう。こちらの発言に応じて相手が意想外な答を返してくれてこそ、予想外な進展が期待されるのである。多元化する今後の社会では、そのような形での情報交換の必要もますます増大するにちがいない。西洋人は子供のときから食卓でそのような会話を耳にしている。高校生のころから男女交際を通じてそのような社会的訓練を受けている。しかし、日本人は^B^そのようなソーシャル・ライフをあまりもたない。サロン風の会話のルールに私たちは慣れ親しんでいないのである。西洋へ着きたての日本人が、食事に招かれたとき窮屈な思いをするのは、ただ単に外国語が下手だからだけではないにちがいない。

（平川祐弘『東の橋　西のオレンジ』省略した箇所がある）

35

**要約**

問題文を一〇〇字以内で要約せよ。

（草稿用）

**設問**

**問一**　二重傍線部の「それ」の指示している内容を具体的に四〇字以内で書け。（14点）

**問二**　傍線部Aの「そのような社会の構造」について、本文に即して九〇字以内で説明せよ。（22点）

**問三**　傍線部Bの「そのようなソーシャル・ライフ」とはどういうことか。四〇字以内で説明せよ。（14点）

## 語句

▼**歯がゆい**…思うようにならずもどかしい。

▼**角**(かど)**がたつ**…人間関係が穏やかでなくなる。

▼**潤滑油**…①機械などの摩擦を少なくするためにさす油。②(比喩的に)ものごとを円滑に運ぶ仲立ちとなるもの。

▼**自己顕示**…自分の存在をことさら目立たせようとすること。

▼**依怙**(いこ)**(意固**(いこ)**)地**(じ)…意地を張り通す気質。

▼**矯激**(きょうげき)…言動などが極端に激しいこと。

▼**索然**(さくぜん)…興味が感じられずつまらない。

## 現代文キーワード

□**民主主義**…①国民が権力をもつ政治形態。②人間の自由と平等を尊ぶ立場。

□**修辞**…①言葉を効果的に用いる技術。②文章を飾るための技法。＝レトリック【rhetoric】

□**多元**…物事の要素が複数あること。

関連語 **多元論**…世界の根拠や実体を二つ以上の独立した原理でとらえる考え方。デモクリトスの原子論など。

関連語 **一元論**…世界の根拠や実体を唯一の究極的原理に還元してとらえる考え方。カール・マルクスの唯物論など。

関連語 **二元論**…世界の根拠や実体を二つの対立的な実体でとらえる考え方。ルネ・デカルトの物心二元論など。

## 確認問題

**1** 「豆腐にかすがい」と類似の意味の慣用句をすべて選びなさい。

①のれんに腕押し
②出る杭は打たれる
③糠(ぬか)にくぎ
④青菜(あおな)に塩

**2** 「配慮」の「配」を使うものを選びなさい。

①ハイ斥　②腐ハイ　③ハイ給　④ハイ棄

**3** 「固有」の「固」を使うものを選びなさい。

①コ用　②強コ　③コ意　④回コ

**答** **1**①③（②＝抜け出ている人はとかく憎まれる ④＝元気のない様子）**2**③（①排斥 ②腐敗 ④廃棄）**3**②（①雇用 ③故意 ④回顧）

## ◆ 三つの思考力を身に付ける

ポイント0 ⬇ p.14

ここで使用する思考力も【1】・【2】と何も変わりません。三つの〈思考力〉でした。

一つ目は〈客観的思考力〉。言葉の〈カタチ＝形式〉を見出して、〈筆者の考え＝内容〉を把握することが大切です。

二つ目は〈論理的思考力〉。客観的思考力で得た内容を見比べて、〈同内容・言い換え＝同値（＝）〉の関係と〈違い・対比＝対立（↕）〉の関係を把握することが大切です。

三つ目は〈構造的思考力〉。論理的思考力で得た関係性から問題文や段落などの全体を見渡して、〈主題＝テーマ〉についての〈主張＝メッセージ〉を把握することが大切です。

いわば〈見出す〉→〈見比べる〉→〈見渡す〉という三つの〈見る〉力、これこそが現代文で鍛えるべき三つの思考力でした。

〈客観的思考力〉で形式段落に注目するという点でも、【1】・【2】と同じです。

まずは1段落です。

## ◆ 論理の順序に注目

ポイント21

冒頭文には、「日本人」＝「自国人」という〈同値〉の論理があり、その「表面的な無反応」が〈話題〉となっています。

1・2行目「とくに西洋で…人は」から7行目の「…とも関係しようが、」までは具体例とみて（　）に入れ、その前後をつなぎ、はさんでとらえるというポイント20〈サンドイッチの構造〉(p.39)で理解してください。

具体例の直後には「しかしより根源的には」（7行目）と続き、「『和を以て尊しとなす』日本の精神的風土と関係しているのではないだろうか。」とあります。まず文末の「…ないだろうか。」というカタチは**〈否定疑問〉と呼ばれるもので、〈強調〉の役割を果たすことが多い**と記憶しておいてください（ポイント19(p.38)の普通の疑問文との違いにも注意してください）。

つまり、具体例は「日本人」の「表面的な無反応」に関わるもので、「根源的」には「『和を以て尊しとなす』日本の精神的風土」（7・8行目）、「日本…の社会」（8行目）が「関係している」というわけです。今こんなふうに〈サンドイッチの構造〉を意識し、具体例の前後をつないで理解したのですが、【2】の場合と違う点があります。

「根源」（7行目）という言葉があったことからわかるように、「日本人」の「表面的な無反応」と「『和を以て尊しとなす』日本の精神的風土」「日本…の社会」は完全な〈同値〉ではなく、後者が前者の「根源」にあるという因果関係〈$A_1$→$A_2$〉になっている点です（同じA側の内容のうち、原因の側を$A_1$、結果の側を$A_2$と記号化しています）。つまり、

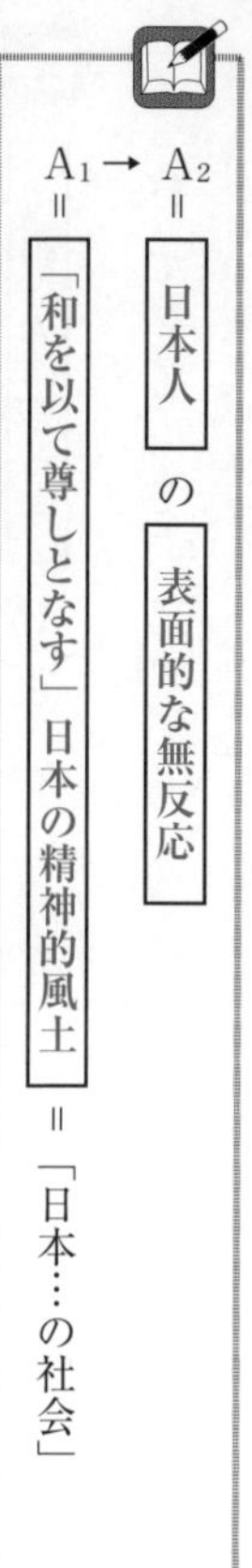


では〈因果〉という関係は、〈同値〉という関係とどこが違うのでしょうか。

現実の世界では時間が流れています。そこで現実の物事には〈順序〉が生まれます。たとえばバナナが3本あるところに、もう1本バナナを持ってきたとします。〈3本あるところに1本追加された。だから4本だ。〉と表現すれば、「だから」でつながれた〈因果〉の関係となります。しかし〈順序〉を取り去って〈3本＋1本＝4本〉と表現すれば、〈＝〉でつながれた〈同値〉の関係となります。つまり〈因果〉の〈順序〉を取り去って論理に純化したものが〈同値〉だったのです。

〈変化〉と〈対立〉についても、同様の説明を行うことができます。たとえば〈信号が青〉と〈信号が赤〉は〈対立〉の関係ですが、現実の世界では時間が流れているので〈信号が青から赤へと変わった〉あるいは〈信号が赤から青へと変わった〉と表現すれば、〈xからyへと〉でつながれた〈変化〉の関係となります。しかし〈変化〉の〈順序〉を取り去って〈信号が青↔信号が赤〉と表現すれば、〈↔〉で示すことのできる〈対立〉の関係となります。つまり〈変化〉の〈順序〉を取り去って論理に純化したものが〈対立〉だったのです。

したがって、確かに〈論理〉とは〈同値〉〈対立〉の関係ですが、より現実的な話題の中では〈因果〉〈変化〉も〈論理〉に含まれると考えてください。そして〈因果〉〈変化〉を把握するときは、くれぐれも〈順序〉に注意してください。

**現実的な話題では〈順序〉に注目して**
**〈因果〉＝〈同値〉＋〈順序〉**
**〈変化〉＝〈対立〉＋〈順序〉**
**という〈論理〉を把握する**

論理

## ◆ 二項対立の対立点に注目　ポイント18 ➡p.37

9行目の「隣家のテレビが…」の直前に〈たとえば〉を入れて読んでみると、うまく意味が通ります。つまりこの部分からは置き換え可能な具体例だったわけです。また、13行目には「そのような」という内容を抽象化してとらえる〈指示語〉がくるので、ここからは具体例をふまえた一般論ということになります。ここもまた〈サンドイッチの構造〉で考えることができます。

具体例直前の「日本…の社会」（8行目）との〈同値〉の関係をしっかりと把握してください。このようにして「日本…の社会」（$A_1$）が具体化されたわけです。

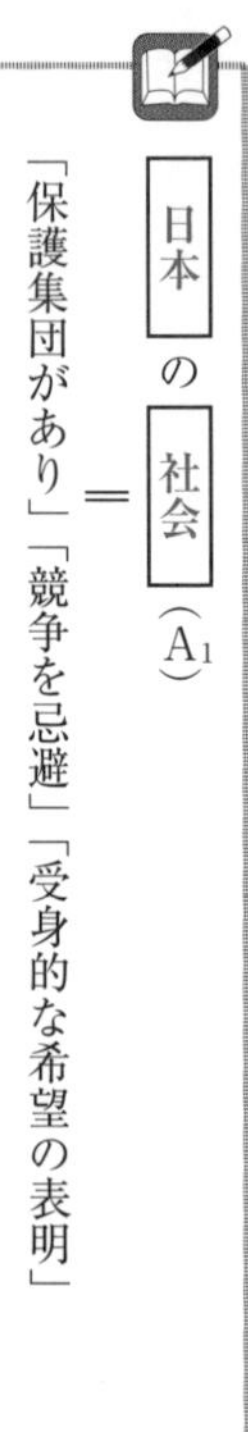


今度は16行目の「しかし」という〈接続語〉に注目してください。今度は「日本」に対立する内容が出てくると予測できます。ポイント18（p.37）にあったように、〈二項対立の対立点に注目〉することが大切です。

「流動性のある社会」（17行目）と出てきて、「自分で自分を売りこむようになる」「自己主張が強くなり」「自己顕示的になる」と書かれています。この内容は先ほどの$A_1$と対立するので$B_1$としておきます。

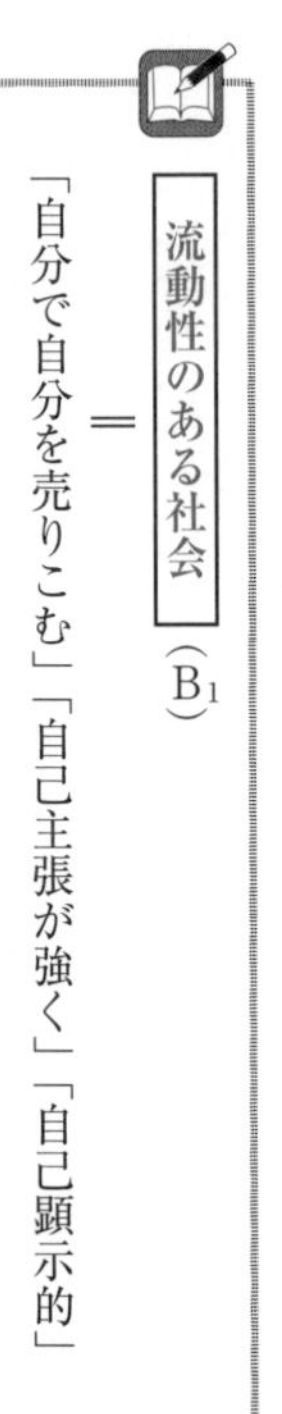


## ◆ 指示語の対象の範囲指定を行う　ポイント22

1段落の末尾の文に「そのような」（18行目）という指示語が登場しますが、この指示語はいったい何を指しているのでしょうか。段落の末尾の文で、前に書かれている内容を指しているということはすぐわかるでしょうが、実は可能性が二つ（①②）あります。直前だけを指している（①）のか、それとも少し前の部分も合わせて指している（②）のか、ということです。

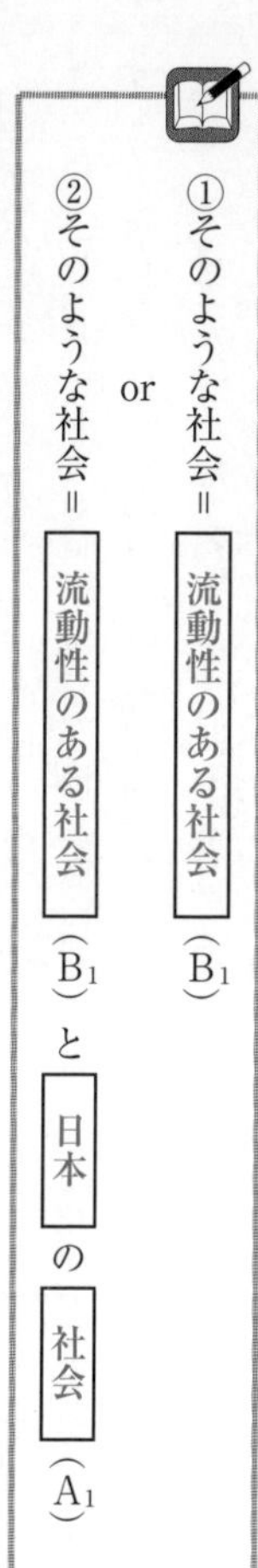


つまり$A_1$側の「日本」も「そのような」という指示語の対象に入るのかどうかということです。「そのような社会の構造が会話の条件にも…影響してくる」（18・19行目）と書かれていますが、この内容が「日本」にも当てはまるかどうかを検討する必要があります。しかしここまでの問題文だけではまだそれを決定することができません。

これを決めるためには、[2]段落の冒頭を読む必要があります。少し難しいところです。

[2]段落冒頭は再び「日本人」（A）の説明に戻り、[1]段落の内容が繰り返されています。同値関係でつなぐと以下のようになります。

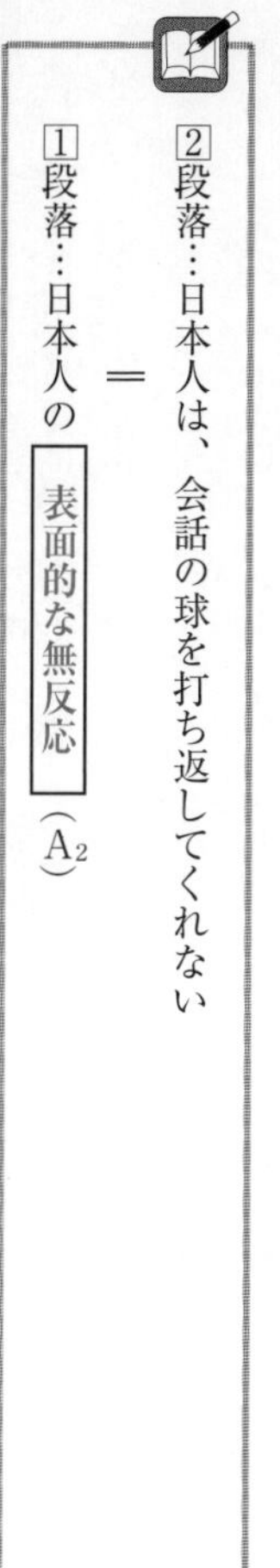


そこには「会話の球を打ち返してくれない」（20行目）＝「会話の条件にも…影響してくる」（18・19行目）ということが書かれているため、すでに[1]段落の$A_2$内容（「日本」側）は「会話の条件」にかかわる内容であったと確定できます。

したがって、二つの可能性のうちの②が正解ということになります。

〈これ〉〈その〉などの短い指示語ではなく、〈このように〉〈そのような〉といった長めの指示語は、単に直前だけを指しているのではないことが多いので、注意が必要です。

長めの指示語の対象が
どこからどこまでを指すか
という範囲指定を検証

## ◆ 比喩表現で強調される内容を把握　ポイント23

こうして①段落末尾の文は、「そのような社会」＝$A_1$と$B_1$の「構造」が、「会話の条件にも…影響してくる」＝$A_2$と$B_2$となる、とまとめていたことがはっきりします。〈$A_1 \to A_2$〉と〈$B_1 \to B_2$〉の両方をまとめていたわけです（A側の内容のうち、原因の側を$A_1$、結果の側を$A_2$としたように、同じB側の内容のうち、原因の側を$B_1$、結果の側を$B_2$と記号化しています）。

②段落は冒頭の「日本人は、会話の球を打ち返してくれない」（$A_2$）の後で、その原因（$A_1$）について再び説明しています。「…からである」という原因説明のカタチを見出せば、〈客観的思考力〉により、〈因果〉の関係は明らかです。

$A_2$…日本人は、会話の球を打ち返してくれない

↑

$A_1$…日本人が会話の球を打ち返す術をよくわきまえていない

「会話の球」という表現が繰り返されていますが、もちろん「球」というのは〈比喩〉表現です。

この後に「試合にたとえれば」（22行目）と、さらにそれ以降が〈比喩〉であることを宣言したうえで、「日本人はピンポンよりもゴルフを楽しむ人種」とあって、「会話の球を打ち返す術をよくわきまえていない」ことが強調されています。

〈比喩〉とは〈たとえ〉とも言います。〈りんごのようなほっぺ〉〈死ぬほど腹減った〉と言えば直喩・明喩（〈ような〉〈ほど〉を用いて、比喩であることを直接的に・明らかに示す表現）です。一方〈りんごのほっぺ〉〈私の耳は貝の殻〉と言えば隠喩・暗喩（〈ような〉〈ほど〉を用いないで、比喩であることを隠して暗示している表現）です。どちらの場合も、直接的ではなく変形した間接的な表現によって、力を込めた主張になっていることがわかります。

**〈比喩〉表現の使用によって強調されていることは大切な内容として理解する**

3段落の冒頭には「それにたいして」（27行目）という〈**接続語**〉が来ているのでマークしてください。ポイント4（p.18）で学習したように、注目すべき表現です。2段落の内容と〈**対立**〉していることを示しています。「それにたいして」の後には「西洋の…会話」（$B_2$）の話題が続き、2段落冒頭（$A_2$）と対立し、さらに話は「期待」（29行目）される内容（$B_3$）へと進みます。

$A_2$…**日本人は、会話の球を打ち返してくれない**

↔

$B_2$…「西洋の…会話は…社交を楽しもうとするものである」

＝

「たがいに相手の話を聞き、それを享受しよう、そしてたがいになにかしらうるところがあろう、という期待から成り立っている」

その後、一瞬話題は「西洋の優れた女性の役目」へと脱線しますが、その余談の一文をはさむ形で、再び「サロン」の話に戻るという〈サンドイッチの構造〉（ポイント20（p.39））が見られます。余談の前後で「**サロン**」「**相手**」「**期待**」と三つの同じ単語が繰り返し使われていますね。こうして再び話題は$B_2$内容に戻るわけです。

3段落でも、2段落と同様に「球」が**隠（暗）**喩として使用され、さらには「試合にたとえれば」とそれ以降が〈比喩〉であることが宣言され、「ピンポンのようなもの」（**直（明）**喩です）とされています。これ以降の文章でも、余談の前の部分と同様に、$B_2$内容「西洋の…会話」（27行目）→「期待される」（33行目）内容（$B_3$）が入り乱れて出てきます。以下のように〈同値〉と〈因果〉の関係で整理してみましょう。

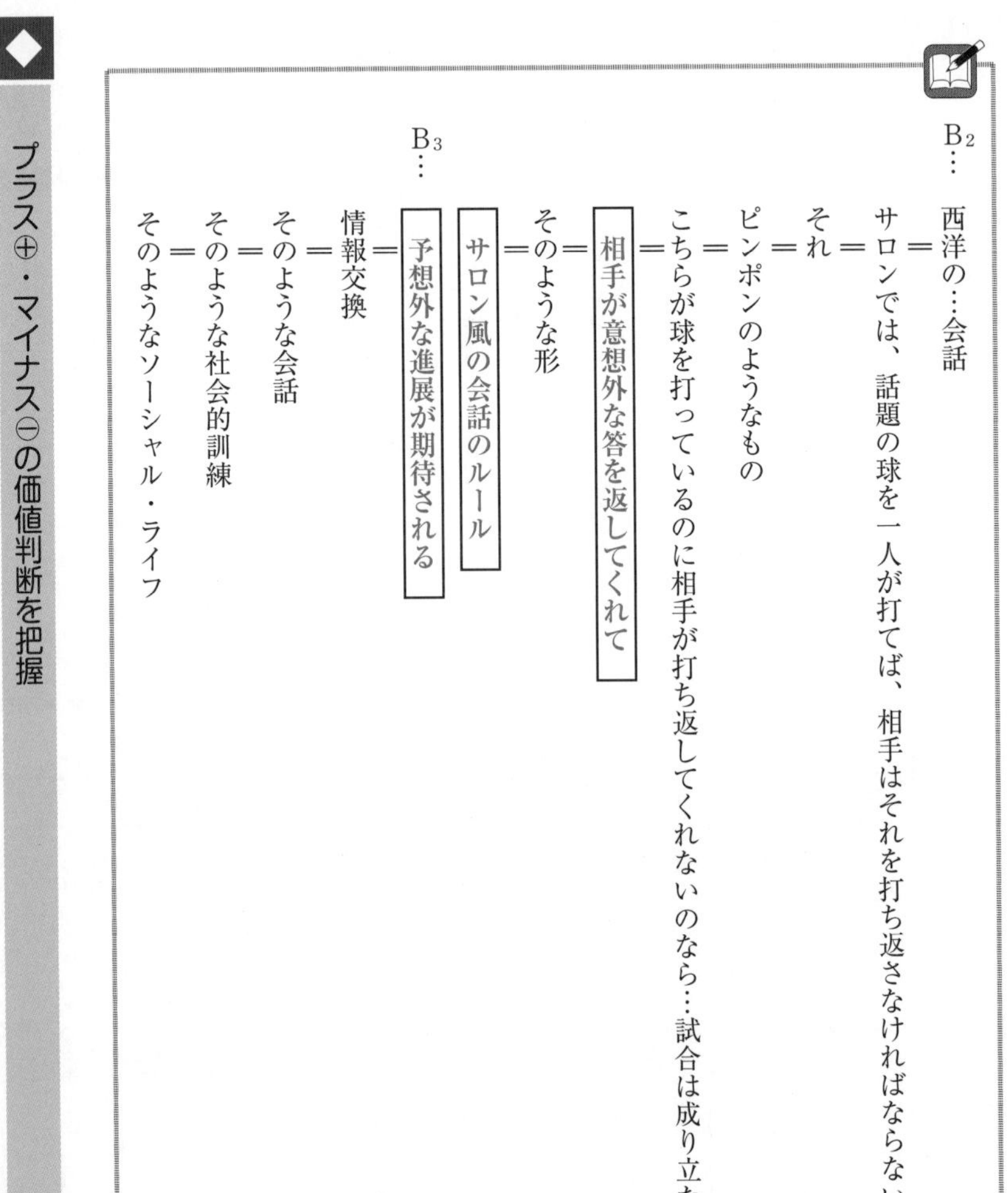

B$_2$…西洋の…会話
＝サロンでは、話題の球を一人が打てば、相手はそれを打ち返さなければならない
＝それ
＝ピンポンのようなもの
＝こちらが球を打っているのに相手が打ち返してくれないのなら…試合は成り立たず
＝相手が意想外な答を返してくれて
＝そのような形
＝サロン風の会話のルール

B$_3$…予想外な進展が期待される
＝情報交換
＝そのような会話
＝そのような社会的訓練
＝そのようなソーシャル・ライフ

## ◆ プラス⊕・マイナス⊖の価値判断を把握　ポイント24

36行目から再びA内容が登場します。「しかし、日本人はそのようなソーシャル・ライフを…もたない」（36行目）とあるため、$A_1$

↓$A_2$である「日本人」は、$B_1$↓$B_2$↓$B_3$である「西洋人」とは異なるわけですが、「多元化する今後の社会では、そのような形（$B_2$）での情報交換（$B_3$）の必要もますます増大するにちがいない。西洋人は…そのような会話を耳にしている…そのような社会的訓練を受けている」（33〜36行目）とあります。

「西洋人」（＝B）が「必要」（＝⊕）な「社会的訓練」を「受けている」のに対して、「日本人」（＝A）は受けていないということになり、「日本人」（＝A）＝⊖に対して、「西洋人」（＝B）＝⊕という、〈⊕↕⊖〉の価値判断が下されたことになります。

しかも問題文末尾近くでの価値判断ですから、これは筆者の〈最終判断＝主張〉と考えられるので、とても重要です。

つまりこの文章全体は、単に「日本人」（＝A）と「西洋人」（＝B）は異なる、と〈説明〉しているのではなく、「多元化する今後の社会」（33・34行目）では、「日本人」も「西洋人」のような「ソーシャル・ライフ」（＝$B_3$）をもつべきだと、〈主張〉している文章であることがわかります。

**筆者の⊕・⊖の価値判断を示す表現は大切であり問題文末尾では〈主張〉となる**

## ◆ 問題文全体の要約を作る

ポイント13 ⬇ p.26

【1】で学習したポイント8（p.22）を思い出してください。〈出題者〉の〈キキタイコト〉は〈筆者〉の〈イイタイコト〉を中心とするので、要約を記述できる力をつければ、あらゆるタイプの設問に対応できるようになるということでした。

ポイント9（p.23）で学習した〈要約作りの思考手順〉も思い出してください。考えていく順序は、①〈主題（テーマ）〉→②〈結論〉、最後に③〈根拠〉の順番でした。ではまず①から。〈何について〉の問題文であったかを考えます。

ポイント10（p.24）で学習したように、問題文の〈末尾〉から〈冒頭〉を振り返って考えるという思考が大切です。

問題文末尾の「しかし、日本人はそのようなソーシャル・ライフを…もたない」（36行目）以降はすべて「日本人」の「会話」

について書かれており、問題文冒頭にも「日本人」＝「自国人」の「表面的な無反応」とあって、ともに「日本人」の「会話」が〈話題〉となっていました。したがって、以下のようにまとめることができます。

①（主題＝テーマ） 日本人 の 会話

次に②について。ポイント11（p.25）で学習したように、筆者は〈結局何が言いたいのか〉と考える必要があります。問題文全体に関わり、末尾でも繰り返される「西洋人」（＝B）との〈対立〉が重要です。

B…「多元化する今後の社会では、そのような形（＝予想外な進展）での情報交換の必要もますます増大するにちがいない。西洋人は…そのような会話を耳にしている…そのような社会的訓練を受けている」

↔「しかし」

A…「日本人はそのようなソーシャル・ライフ（＝社会生活）を…もたない」

「多元化する今後の社会」で「必要」なものを「もたない」日本人は、それももてるようにするべきだと結論づけているわけです。このように**〈対立〉から〈結論〉をとらえるのは難しい**ので、注意してください。また、先ほどのポイント24（p.52）もしっかりと頭に入れておいてください。

②（結論） 多元化する今後の社会 では、 西洋人 のように、 会話 の 予想外な進展 により 情報交換 を行う 社会的訓練 も受けておく必要がある

最後に③について。ポイント12（p.26）で学習したように、問題文の〈 構造 〉を振り返って「なぜそう言うのか」と考える必要がありました。〈結論〉で答えたことを具体的に根拠づけるわけです。

今回はA＝「 日本人 」↔「 西洋人 」＝Bという大きな〈対立〉で全体が構成されていました。そのためA側である「日本人」

とB側である「西洋人」との違いを記述することで、結論〈西洋人のように…受けておく必要がある〉の〈根拠〉とすることができます。すでに$B_3$は〈結論〉に入れたので、後は「日本人」が〈$A_1$↓$A_2$〉であることと、「西洋人」が〈$B_1$↓$B_2$〉であることを〈根拠〉として書きます。字数があまりないので、〈結論〉につながることに絞ってまとめましょう。

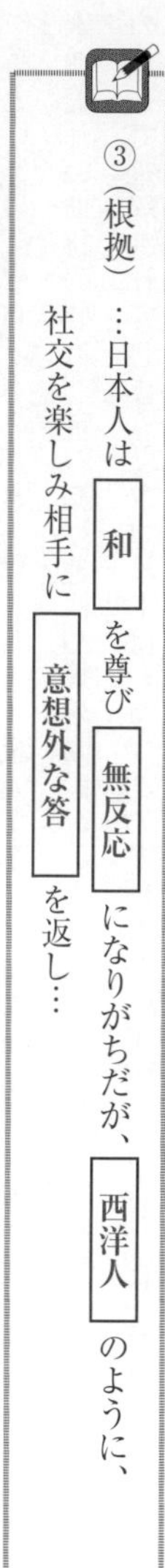

③（根拠）…日本人は **和** を尊び **無反応** になりがちだが、**西洋人** のように、社交を楽しみ相手に **意想外な答** を返し…

ポイント13（p.26）を思い出して要約例を作ります。記述していく順序に決まりはありませんが、思考手順とは違って、

①（主題＝テーマ）↓③（根拠）↓②（結論）

の順序で記述すると、まとめやすいことが多いと言いました。しかし今回はそれだけではうまくいきませんので、構成をよく考える必要があります。

「多元化する今後の社会」に必要な「社会的訓練」を受けていない「日本人」側の内容を「多元化する今後の社会」の前に置き、必要な「社会的訓練」を受けている「西洋人」側の内容をその後に置き、両者を分けてまとめます。また、①（主題＝テーマ）と③（根拠）で共通する **日本人** を主語にして記述します。

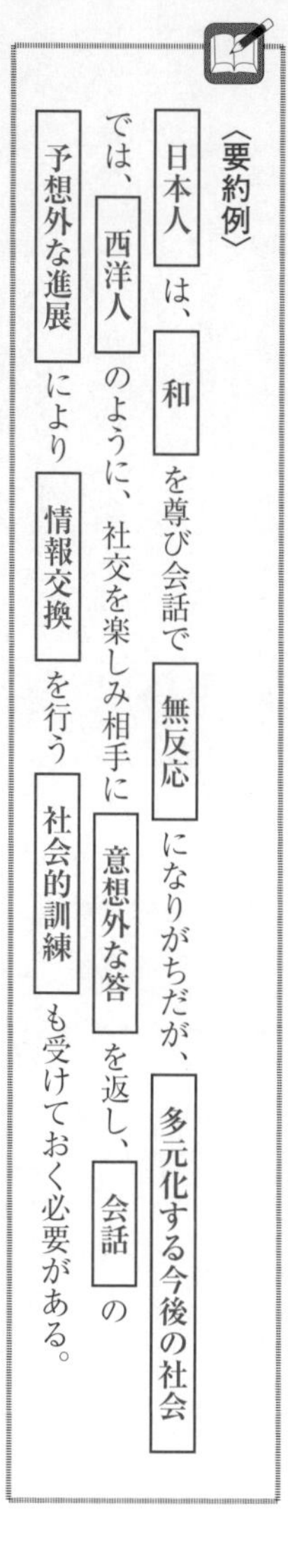

**〈要約例〉**

**日本人** は、**和** を尊び会話で **無反応** になりがちだが、**多元化する今後の社会** では、**西洋人** のように、社交を楽しみ相手に **意想外な答** を返し、**会話** の **予想外な進展** により **情報交換** を行う **社会的訓練** も受けておく必要がある。

これで、**【3】** の設問を解く準備が整いました。ここからは、ポイントなどで習得した思考を用いて、再度設問に進んでください。

あくまでも、現代文が語彙力を基盤にした、三つの思考力（①客観的思考力 ②論理的思考力 ③構造的思考力）を鍛える科目であることを忘れないでください。また、**【ワークシート】** で何を学んだかを明確にしてください。

# Lesson【4】 比喩・内容一致の解答力

比喩は筆者の〈主張〉〈心情〉が込められた表現です。また、内容一致の設問も筆者が傍線部の表現に込めた〈主張〉から考えます。どちらも主に筆者の〈主張〉を問う設問形式です。

次の文章を読んで、後の問いに答えよ。（50点）

『更級日記』にこんな話が書いてある。作者と姉とが迷いこんできた猫を大切に飼っている。あるとき姉の夢まくらにこの猫がきて、自分はじつは侍従の大納言どのの息女なのだが、さる因縁があってしばらくここにきている。このごろは気品のない人たちのなかにおかれて、わびしいといって泣く。それから姉妹はこの猫をいよいよ大切に扱ってかしずくのである。

ひとりの時などこの猫をなでて、「侍従大納言どのの姫君なのね、大納言どのにお知らせしましょうね」などと言いかけると、この猫にだけは心がつうじているように思われたりする。

猫はもちろんふつうの猫にきまっているのだが、『更級日記』の作者にとって、現実のなにごともないできごとの一つ一つが、さまざまな夢によって意味づけられ彩りをおびる。

夢といえば、フロイトのいき方はこれと正反対である。フロイトの「分析」にとって、シャンデリアや噴水や美しい飛行の夢も、宝石箱や運河や螺旋（らせん）階段の夢も、現実の人間世界の心的機制や身体の部分を示すものとして処理されてしまう。フロイトは夢を、この変哲もない現実の日常性の延長として分析し、解明してみせる。ところが『更級日記』では逆に、この日常の現実が夢の延長として語られる。フロイトは現実によって夢を解釈し、『更級日記』は夢によって現実を解釈する。

この二つの対照的な精神態度を、ここではかりに、(1)〈彩色の精神〉と(2)〈脱色の精神〉というふうに名づけたい。

われわれのまわりには、こういうタイプの人間がいる。世の中にたいていのことはクダラナイ、ツマラナイ、オレハチットモ面白クナイ、という顔をしていて、いつも冷静で、理性的で、たえず分析し、還元し、君たちは面白がっているけれどこんなものショセン××ニスギナイノダといった調子で、世界を脱色してしまう。そのような人たちにとって、世界と人生はつまるところは退屈で無意味な灰色の荒野にすぎない。

また反対に、こういうタイプの人間もいる。なんにでも旺盛な興味を示し、すぐに面白がり、人間や思想や事物に惚れっぽく、まわりの人がなんでもないと思っている物事の一つ一つに独創的な意味を見出し、どんなつまらぬ材料からでも豊饒な夢をくりひろげていく。そのような人たちにとって、世界と人生は目もあやな彩りにみちた幻想のうずまく饗宴である。

冷静で理知的な〈脱色の精神〉は近代の科学と産業を生みだしてきた。たとえばフロイトはわれわれの「心」の深奥に(3)近代科学のメスを入れようと試みたパイオニアである。そして科学と産業の勝利的前進とともに、この〈脱色の精神〉は全世界の人びとの心をとらえ、その生きる世界を脱色していった。

森の妖精や木霊のむれは進撃するブルドーザーのひびきのまえに姿を没し、谷川や木石にひそむ魑魅魍魎は、スモッグや有機水銀の廃水にむせて影をひそめた。すみずみまで科学によって照明され、技術によって開発しつくされたこの世界の中で、現代人はさてそのかげりのなさに退屈し、「なにか面白いことないか」といったうそ寒いあいさつを交わす。

（真木悠介「交響するコミューン」）

**要約** 問題文を一〇〇字以内で要約せよ。

（草稿用）

| | | | |
|---|---|---|---|
| | | | |
| | | | |
| | | | |
| | | | |
| | | | |
| | | | |
| | | | |
| | | | |
| | | | |
| | | | |
| | | | |
| | | | |
| | | | |
| | | | |
| | | | |
| | | | |
| | | | |
| | | | |
| | | | |
| | | | |
| | | | |
| | | | |
| | | | |
| | | | |

**設問**

**問一** 傍線部(1)「彩色」とはどうすることか。それを最もよく表している部分を文中から三〇字以内で抜き出して記せ。（16点）

**問二** 傍線部(2)「脱色」とあるが、この場合「色」は何を比喩的に表現したものか。該当する語を文中から二つ抜き出して記せ。（8点×2）

**問三** 傍線部(3)「近代科学のメスを入れようと試みた」とはどのようなことをいうのか。その内容として最も適切なものを選び、その記号を答えよ。（18点）

ア　猫を侍従大納言殿の息女として扱い、夢を脱色しようとするようなこと。

イ　現実を科学の夢の延長ととらえるために、心の分析に努めるようなこと。

ウ　世界を退屈で無意味な荒野にするために夢を分析してしまうようなこと。

エ　事実に連続するものとして夢を理屈のみで扱うようなこと。

オ　夢の分析によって無意識の世界をとらえ、人間の隠れた欲望に迫るようなこと。

## 語句

▼**息女**（そくじょ）…身分の高い人の娘。相手の娘の敬称。

▼**かしずく**…そばに仕えて世話をする。

▼**機制**…構成されている仕組み。機構。

同音異義 **規制**（＝決まり）／**既成**（＝既（すで）にそうなっている）／**既製**（＝既に商品として作られている）

▼**変哲もない**…特に変わった点もない。平凡だ。

▼**豊饒**（ほうじょう）**（穣）**…豊かに実ること。

▼**目もあや**…まばゆいばかりに美しい様子。

▼**饗宴**（きょうえん）…もてなしの盛大な酒宴。

▼**パイオニア【pioneer】**…先駆者。開拓者。

▼**魑魅魍魎**（ちみもうりょう）…さまざまな化け物。

▼**影をひそめる**…姿が見えなくなる。表面に現れなくなる。

▼**うそ～**…なんとなく～。ちょっと～。

▼**コミューン【commune】**…自治的な共同体。フランス中世の自治都市。

## 現代文キーワード

□**分析**…物事を成分・要素・側面・条件に分解して明らかにしようとすること。⇔**総（綜（そう））合**

関連語 **分析哲学**…問題を表現する言語形式の分析により、明晰さを追究する哲学。

関連語 **解析**…分析して論理的に明らかにすること。

□**還元**…①元・根源・原理に戻すこと。⇔**敷衍**（ふえん）（＝意味・原理をおし広げて説明する）②酸化物から酸素を奪って元に戻すこと。⇔**酸化**

関連語 **還元主義**…部分を集めれば全体を再構成できると考え、要素にして全体を理解しようとする考え方。

□**近代科学**…古代ギリシア、ヨーロッパ中世の自然学を継承しつつ、これを克服して成立した近代の学問体系。

## 人物

▼**フロイト**…Sigmund Freud（1856～1939）。オーストリアの精神医学者で精神分析の創始者。

## 確認問題

**1**『更級日記』は、物語に憧れる少女時代から夫と死別した晩年までを記した平安時代後期の回想記であるが、その作者を答えなさい。

**2**「対照」の正しい意味を選びなさい。

①意識・感情・行為が向く所
②照らし合わせる
③対応して釣り合っている

**3**「旺盛」の「盛」を使うものを選びなさい。

①セイ況　②運セイ　③セイ髄　④要セイ

答 **1** 菅原孝標の女（すがわらのたかすえのむすめ）　**2** ②（①＝対象 ③＝対称）
**3** ①（②運勢 ③精髄 ④要請）

## ◆ 三つの思考力を身に付ける

ポイント0 ⬇ p.14

ここで使用する思考力も【1】～【3】と何も変わりません。

現代文で問われる力は、〈語彙力〉を基盤とする三つの〈思考力〉でした。

一つ目は〈客観的思考力〉。言葉の〈カタチ＝形式〉を見出して、〈筆者の考え＝内容〉を把握することが大切です。

二つ目は〈論理的思考力〉。客観的思考力で得た内容を見比べて、〈同内容・言い換え＝同値（＝）〉の関係と〈違い・対比＝対立（↕）〉の関係を把握することが大切です。

三つ目は〈構造的思考力〉。論理的思考力で得た関係性から問題文や段落の全体を見渡して、〈主題＝テーマ〉についての〈主張＝メッセージ〉を把握することが大切です。

いわば〈見出す〉→〈見比べる〉→〈見渡す〉という三つの〈見る〉力、これこそが現代文で鍛えるべき三つの思考力でした。

〈客観的思考力〉で形式段落に注目するという点でも、これまでと同じです。

まずは1段落です。

## ◆ 冒頭では話題を把握

ポイント25

問題文の冒頭というのは、必ずしも読み易いわけではありません。しかし、この後の内容を理解していく前提となるため、いい加減に扱うこともできません。

ただし、冒頭を完全に理解しようと焦っても、なかなかうまくいかないこともあります。何しろたいていは初対面の筆者との出会いですから。ポイント7（p.21）で学習したように、問題文の末尾から振り返って初めて冒頭が理解できることも多いのです。

そこで、問題文冒頭では、まず〈何について〉書かれているかを考えて〈話題〉だけはきちんと把握するように心がけ、それからポイント3（p.16）で学習したように、〈同値〉〈対立〉の論理をチェックしヨコ読みしていきましょう。

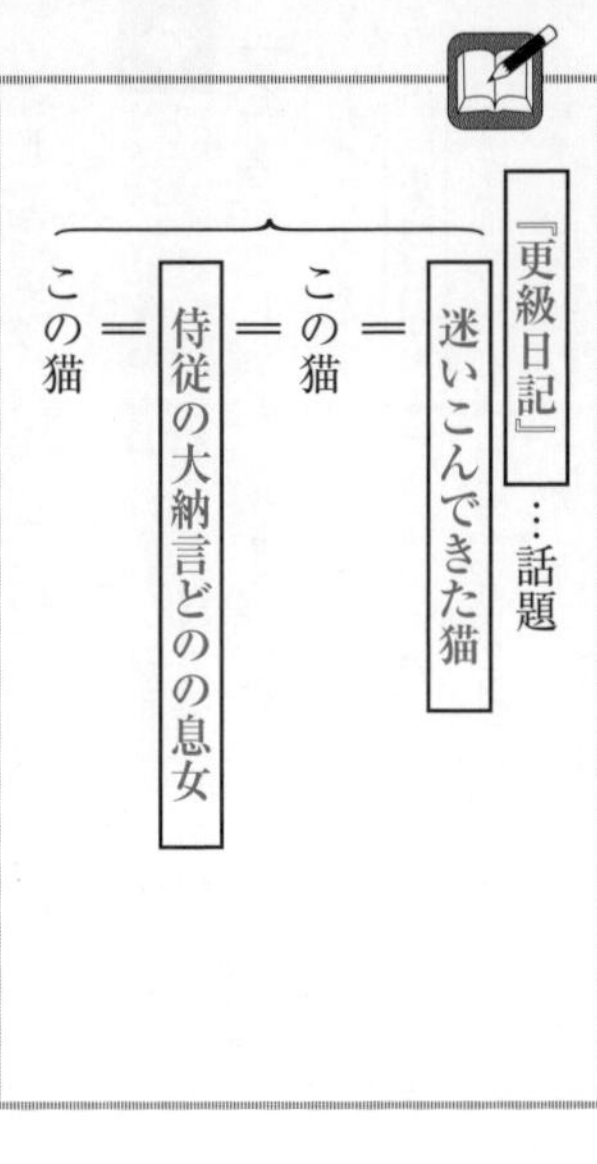


〈話題〉について、先に考えるという習慣をぜひ身に付けてください。主張の方は、〈同値〉〈対立〉の論理を読み取った後で見出せばいいので、〈何が書いてあるのか〉と焦って考えず、まずは〈何について書いてあるのか〉と考えてください。

問題文の冒頭では
まず〈話題〉を把握してから
〈同値〉と〈対立〉を読み取っていく

## ◆ 理解とは具体と抽象の往復運動　ポイント26

[2]・[3]段落も[1]段落の『更級日記』の具体的な内容を受けて話を進めていくわけですが、[3]段落で、その具体的内容が抽象化されます。ちなみに〈具体的〉とは〈形を具えていて直接的にとらえられる様子〉という意味で、個別的であるという性質をもちます。

ここでは『更級日記』に出てくる具体的な「猫」の話が抽象化されています。ちなみに〈抽象（化）〉とは〈対象からある性質を抽きだすこと。他との共通性に着目し、一般的な概念にまとめ上げること〉という意味で、観念的（＝事実から離れて、頭の中だけで考える様子）であるという性質をもちます。

〈同値〉の関係にある表現のうちで、一方が**具体的**な中身で、他方が**抽象的**な意味である場合には、その〈同値〉の関係はとても大切なものとなります。なぜなら私たちは〈具体的表現〉と〈抽象的表現〉の〈同値〉による結びつきによって、理解というものを形成することが多いからです。

**Point**
**具体と抽象の往復運動によって筆者の主張への理解を深めることができる**
論理

このことに基づいて、①段落の〈具体〉と③段落の〈抽象〉との〈具体＝抽象〉となっている〈同値〉の部分を把握してみましょう。

猫が迷いこんできたこと〈具体〉
＝ 現実のなにごともないできごと（の一つ一つ）〈抽象〉
←
姉の夢まくらにこの猫がきて…姉妹はこの猫をいよいよ大切に扱ってかしずく〈具体〉
＝（さまざまな）夢によって意味づけられ彩りをおびる〈抽象〉

こうして『更級日記』についての筆者の主張が、かなりはっきりしてきたと言えるでしょう。

## ◆ 二項対立の対立点に注目

ポイント18 ⬇ p.37

【2】で学習したポイント18（p.37）を思い出してください。というのも、④段落の第一文に〈対立〉を表す「正反対」という言葉があるからです。その後にも「ところが」という接続語や「逆に」という副詞も登場して、「フロイト」と「『更級日記』」についての二項対立が明確に語られています。

まずは「フロイト」側の「シャンデリアや噴水や美しい飛行の夢」「宝石箱や運河や螺旋階段の夢」といった「夢」の具体例が挙げられます。これらは『更級日記』側の「猫」の「夢」に相当するものです。ところが、その「夢」の扱われ方が

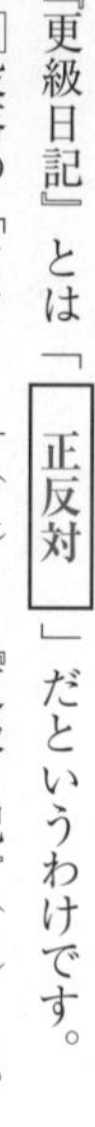

『更級日記』とは「正反対」だというわけです。

4段落の「フロイト」(A)↔『更級日記』(B)という二項対立の〈対立点〉を整理してみましょう。

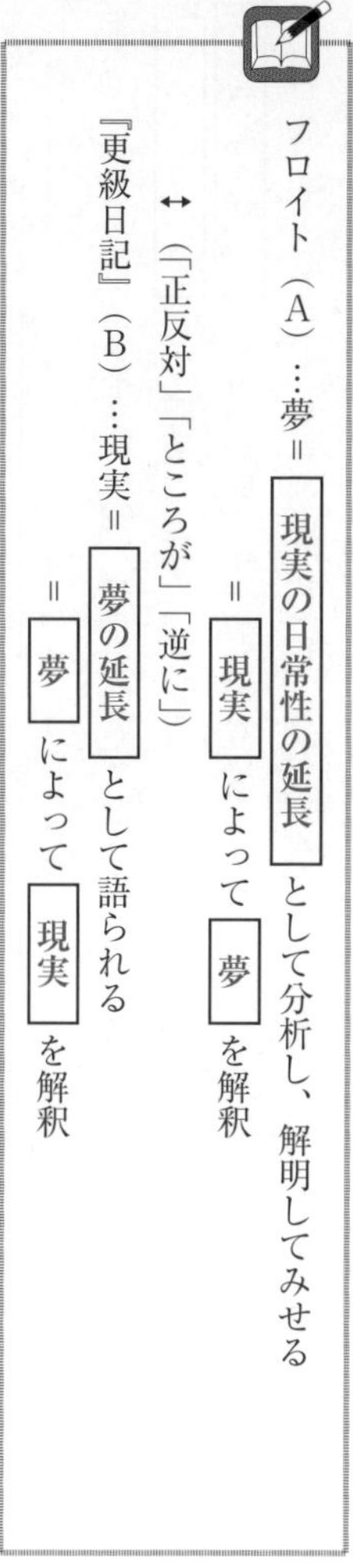

フロイト(A)…夢＝現実の日常性の延長として分析し、解明してみせる
＝現実によって夢を解釈

↔(「正反対」「ところが」「逆に」)

『更級日記』(B)…現実＝夢の延長として語られる
＝夢によって現実を解釈

## ◆ 問題文中の要約表現は常に大切　ポイント27

5段落では、4段落の対立項(A↔B)の内容＝中身が「この二つの対照的な精神態度」というように〈抽象(化)〉され、それぞれの内容も「…というふうに名づけたい」という表現のカタチを用いて、以下のように要約されています。

フロイト(A)の内容＝〈脱色の精神〉

↔

『更級日記』(B)の内容＝〈彩色の精神〉

要約表現は今まで説明してきた内容を圧縮したものですから、大切な表現として注目する必要があります。

これまでの説明を圧縮した要約表現は常に大切なものとして注目しておこう

## ◆ プラス⊕・マイナス⊖の価値判断を把握

ポイント24 ➡ p.52

6・7段落も、先ほどの二つの要約表現「〈脱色の精神〉」「〈彩色の精神〉」を「人間」に当てはめて議論を進めています。やはり〈要約表現〉は、大切であったと確認できるでしょう。

7段落の冒頭には「また反対に」とあって、〈並列（「また」）＋対立（「反対に」）〉を示す表現があります。ポイント4（p.18）で学習したように**段落冒頭の接続語**をマークしておきましょう。これに注目していれば、6段落の内容と7段落の内容を〈並列＋対立〉で整理すればよいと気づくことができます。

6段落…こういうタイプの人間
↓世界を**脱色**してしまう（A）
↓**世界と人生**＝退屈で無意味な灰色の荒野にすぎない

「また」 ↔ 「反対に」

7段落…こういうタイプの人間
↓どんなつまらぬ材料からでも豊饒な夢をくりひろげていく（B）
↓**世界と人生**＝**彩り**にみちた幻想のうずまく饗宴である

また、ここではポイント24（p.52）で学習したことを思い出してください。「退屈で無意味な灰色の荒野にすぎない」という〈**マイナス（⊖）**〉の価値判断を示す表現、「どんなつまらぬ材料からでも豊饒な夢をくりひろげていく」という〈**プラス（⊕）**〉の価値判断を示す表現が登場します。

これによって〈A↔B〉の〈対立〉内容に、価値の差がもちこまれたことがわかります。筆者は〈A＝⊖〉ではなく〈B＝⊕〉に価値を置くという主張をしていることがわかります。

## ◆〈サンドイッチの構造〉をつかむ

ポイント20 ⬇ p.39

8段落には再び5段落に出てきた〈要約表現〉であった「〈脱色の精神〉」(A)が登場しますが、二つ目の文は、冒頭に「たとえば」という〈接続語〉が出てきて、第一文の内容に対する具体例になっていることがわかります。ここで思い出してほしいのがポイント20(p.39)で学習した〈サンドイッチの構造〉です。

つまり、具体例を(　)に入れて考え、前後の一般論をつないで理解することが大切でした。

〈脱色の精神〉＝近代の科学と産業を生みだしてきた(一般論)

＝

(具体例)

＝

〈脱色の精神〉＝科学と産業の勝利的前進とともに(一般論)

ここでは「〈脱色の精神〉」(A)が「近代の科学と産業を生みだし」「勝利的前進とともに」あったとしながらも、やはり最終的には「生きる世界を脱色していった」と主張されています。したがって〈A＝マイナス⊖〉という価値判断が覆ったわけではありません。

9段落の第一文には、「たとえば」という〈接続語〉はありませんが、「たとえば」を冒頭に補って読んでみると、8段落の末尾の内容と〈同値〉として読解できるので、その具体例であると考えられます。

つまり、〈「〈脱色の精神〉」が「生きる世界を脱色していった」〉という主張の内容を示す具体例だったわけです。したがって、ここにも〈サンドイッチの構造〉が見られます。

〈脱色の精神〉＝「生きる世界を脱色していった」（一般論）
＝
（具体例）
＝
「現代人」＝「退屈し、『なにか面白いことないか』といったうそ寒いあいさつを交わす」（一般論）

こうして末尾まで、「〈脱色の精神〉」〈A＝㊀〉という価値判断で、問題文は終わっています。ポイント24（p.52）で学習したように、これが最終判断＝主張ということになります。そしてその裏には「〈彩色の精神〉」〈B＝㊉〉があるわけです。

## ◆ 主題＝テーマ〈何について〉の把握

ポイント10 ⬇ p.24

ここでも、【1】で学習したポイント8（p.22）を思い出してください。〈出題者〉の〈キキタイコト〉は〈筆者〉の〈イイタイコト〉を中心とするので、要約を作成する力をつければ、あらゆるタイプの設問に対応できるようになるということでした。

ポイント9（p.23）で学習した〈要約作りの思考手順〉も思い出してください。考えていく順序は、①〈主題〉＝〈テーマ〉→②〈結論〉、最後に③〈根拠〉の順番でした。

ではまず①から。〈何について〉の問題文であったかを考えます。

ポイント10（p.24）で学習したように、問題文の末尾から冒頭を振り返って考えるという思考が大切です。

問題文の末尾は「現代人」が「〈脱色の精神〉」によって「退屈」しているという内容でした。つまり、〈A＝㊀〉の内容。それに対して問題文の冒頭は、「『更級日記』」が話題になっているからB側の「〈彩色の精神〉」に関わる内容。このように末尾と冒頭は、〈A↕B〉の関係です。

したがって、

①（主題＝テーマ）「〈彩色の精神〉」と「〈脱色の精神〉」

と、まとめることができるでしょう。「彩色」「脱色」と比喩的な表現を含みますが、ここでは、筆者が分類し統合するキーワードとして使用しているので、これを避けて言い換えることはできません。

## 「近代」「現代」に関わる内容は大切　ポイント28

次に②〈結論〉について。ポイント11（p.25）で学習したように、筆者は〈 結局何が言いたいのか 〉と考える必要があります。問題文では全体の構造（A↕B）に関わる〈A＝⊖〉という最終判断＝主張が行われていました。したがって、この最終判断を含むA「〈脱色の精神〉」がもたらした内容を〈結論〉とします。

また、問題文中に「近代」「現代」という言葉が出てきましたが、現代文ではこれに関わる内容は大切だと考えてください。

それはどうしてでしょうか。まず「現代」について。問題文の筆者は、常に自分が存在している「現代」の視点に立って文章を書いています。⊕内容も⊖内容も、すべては「現代」を基点として語られているのです。

したがって、問題文の要約でも記述の説明でも、私たちは「 現代 」の視点で内容を理解し、解答を出さなければなりません。

では次に「 近代 」について。「現代」の社会は常に、近代家族や学校制度、科学技術や国民国家など「近代」に成立した制度やシステムを前提として動いています。といっても、それらがうまく機能しなくなってきたからこそ、「現代」に生きる筆者は「近代」について議論しようとしているのです。

**「近代」を前提に**
**常に「現代」の視点に立って**
**問題文を要約し、解答する**

したがって、問題文の要約でも記述の説明でも、私たちは「現代」の視点に立つだけでなく「 近代 」を前提にして内容を理解し、解答を出さなければなりません。

②〈結論〉「 近代の科学と産業 」を生み出し勝利的に前進したが「 現代人 」を「 退屈 」させている

## ポイント29 マイナス㊀の根拠は対立のプラス㊉から

最後に③〈根拠〉について。

ポイント12（p.26）で学習したように、問題文の〈構造〉を振り返って〈なぜそう言うのか〉と考える必要がありました。〈結論〉で答えたことを具体的に根拠づけるわけです。

今回はA＝「〈脱色の精神〉」↕「〈彩色の精神〉」＝Bという大きな〈対立〉で全体が構成されていました。そのためA側とB側との違いを記述することで、〈根拠〉とすることができます。つまり〈A＝㊀〉とする〈根拠〉は、〈B＝㊉〉との〈対立〉にあるというカタチで記述します。

また「彩色」と「脱色」は比喩表現でもあるため、説明して使う必要があります。そのことも考えて③〈根拠〉のところで、それぞれを説明しておきます。

このように〈マイナス㊀の根拠〉が、筆者が〈プラス㊉〉と考えるものとの〈対立〉によって説明されるということは、よくあることなので、しっかりと理解しておいてください。

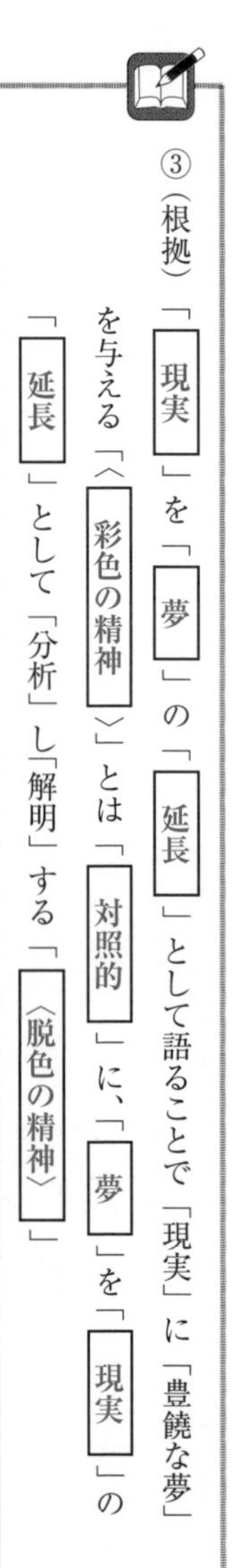
③〈根拠〉「現実」を「夢」の「延長」として語ることで「現実」に「豊饒な夢」を与える「〈彩色の精神〉」とは「対照的」に、「夢」を「現実」の「延長」として「分析」し「解明」する「〈脱色の精神〉」

要約問題以外でも、今回と同様に、**〈マイナス㊀〉の根拠・理由を考えるときには、〈プラス㊉〉の側から考えてみてください**（たとえば日常生活でも、「不満」「不快」「失敗」など〈マイナス㊀〉の理由・原因が、それらと対立する自分の「満足」「快適」「成功」という〈プラス㊉〉が何であるかを考えることで、はっきり理解できるということがあります。それが解決の糸口にもなるかもしれません）。

**〈マイナス㊀〉の根拠・理由は対立する〈プラス㊉〉から振り返って考えてみる**

## ポイント30 対立による根拠は先に記述

ポイント13（p.26）を思い出して要約例を作ります。思考手順とは違って、記述していく順序に決まりはありませんが、

①（主題＝テーマ）→③（根拠）→②（結論）

にすると、まとめやすいことが多いと言いました。しかし今回のように、〈対立点〉が〈根拠〉を形成するときには、先に〈根拠〉をもってきます。（主題＝テーマ）と（結論）を連続して記述した方が記述しやすいからです。

Point

**要約・記述解答における根拠・理由が〈対立〉の構造による場合は冒頭部にもってくるとまとめやすい**

論理

**〈要約例〉**

現実を夢の延長として語ることで現実に豊饒な夢を与える〈彩色の精神〉とは対照的に、夢を現実の延長として分析し解明する〈脱色の精神〉は、近代の科学と産業を生み出し勝利的に前進したが現代人を退屈させている。

# Lesson【5】段落・趣旨判定の解答力

段落分けの設問や趣旨判定の設問は、問題文全体の〈構造〉を把握したうえで解答しなければなりません。したがって、部分の理解だけでは解くことができません。まさに構造的思考力が身に付いているかが問われる設問です。

次の文章を読んで、後の問いに答えよ。　（50点）

森鷗外は大概のことに通じていた全人的人間であったが、その彼にただ一つ知らなかったことがあるとすれば、それは芸術的生産のほんとうの苦しみや喜びであったろうと思われる。彼はあんなにも立派な作品をたくさん書いたけれども、小説家としてはただ多くの貰い子を立派に成人させた模範的養母だったにすぎない。私の想像では、彼があのように異常な熱心さをもって西欧の数多くの小説作品を翻訳したのは、それが彼においてひそかなる創作的代用物となっていたことが少なくともその理由の一部ではなかったろうかと思う。一体、小説家というものは、単に現実を再生させるものではなく、かえってむしろ実現を待っている生活、可能の世界における生活を想像の中で創り出しながら、これを生きるものなのだ。だから小説家の体験は、彼の人間としての体験とその円心において合致しているものではなく、その二つの円環（ゾーン）は単に相触れているだけでそれぞれ独自の運動をしているのが普通である。小説家的体験が多くの場合彼の生活体験に触発されるにしても、その中に据（す）わりこむということは滅多にないのである。ティボーデだったかが言っているが、小説家であるということは人間をその明らかな意識のらちを越えしめて彼の記憶と彼の可能性との隠れた鉱脈を掘り当てにゆくために坑夫ランプを所有していることを意味する。人が彼自らの深い多様性の中に沈潜して、可能の世界の面（プラン）において一つの生活をつかまえるあるいはむしろそれにつかまえられるのでなければ、ほんとうは小説家とはいえないのである。ところが鷗外のやり方といえば、これとは全然違ったもので、一口にいえば、自分の実際やった経験を与えられた既定事実として眺め返し、それを取捨して組み合わせるという受動的な知的な操作を本領としている。小説家の理知は本来被指導的なものだが、彼においてはそれが圧倒的に指導的となっている。それは彼自ら「歴史其儘（そのまま）と歴史離れ」の中でも明瞭に述べているところだ。「友人中には、他人は『情』をもって物を取り扱うのに、わたくしは『智』をもって取り扱うと言った人もある。しかしこれはわたくしの作品全体に渡った事で、歴史上の人物を取り扱った作品に限ってはいない。わたくしの作品は概してディオニュソス（注1）的ではなくって、アポロ（注2）的なのだ。わたくしはまだ作品をディオニュソス的にしようと努力したことはない。わたくしが多少努力したことがあるとすれば、それはただ観照的ならしめようとする努力のみである。」

（林達夫『批評の弁証法』　省略した箇所がある）

（注）1　ディオニュソス的——芸術の現実的・動的・情意的なもの。

2　アポロ的——調和ある統一、秩序をめざす主知的傾向。

**要約** 問題文を一〇〇字以内で要約せよ。

（草稿用）

| | | | |
|---|---|---|---|
| | | | |
| | | | |
| | | | |
| | | | |
| | | | |
| | | | |
| | | | |
| | | | |
| | | | |
| | | | |
| | | | |
| | | | |
| | | | |
| | | | |
| | | | |
| | | | |
| | | | |
| | | | |
| | | | |
| | | | |
| | | | |
| | | | |
| | | | |
| | | | |

**設問**

**問一** 傍線部「二つの円環」の内容をわかりやすく二〇字以内で述べよ。（15点）

**問二** 本文を三つの段落に分けるとすると、どこで切るのが最も適当か。第二、第三段落の、それぞれの最初の五字を示せ。（10点×2）

**問三** 本文の趣旨に最もよくあっていると思われるものを、次の中から一つ選び、記号で答えよ。（15点）

ア 小説家は自己の可能性を掘り当てる坑夫ランプを所有しているものである。

イ 鷗外の本領は、自己の経験を既定事実として、それに知的操作を施すところにある。

ウ 鷗外は全人的人間であったが、ただ一つ、芸術的生産の苦しみや喜びを知ることがなかった。

エ 小説家の理知は本来被指導的なものであるが、鷗外においてはそうではない。

オ 鷗外が西欧の小説を翻訳したのは、それが彼において創作的代用物であったからである。

## 語句

▼**全人**（ぜんじん）…知識・感情・意思の調和がとれた人。

▼**一体**…①そもそも・もともと。②まとまって一つとなっていること・状態。③聖像・人形・遺体などの単数を表す語。

▼**触発**…①物に触れて爆発すること。②感情・意欲などを誘い行動させること。

▼**らち（埒）**…（「馬場の周囲の柵（さく）」のことで）越えることが許されない区切り。

▼**〜しめる**…使役を表す「〜させる」の改まった表現。

▼**沈潜**（ちんせん）…深く没頭すること。

▼**一口**…（ここでは）かいつまんで簡単に言うこと。

▼**既定**…すでに定まっていること。

同音異義 **基底**（＝基礎となっていること）／**規定**（＝ある形にするように決めた規則）／**規程**（＝特定事項に関する規定の全体）

▼**本領**…①本来得意とする領域。②もとからの領地。

▼**理知**…物事の道理を論理的に考え判断する能力。理性と知恵。

▼**観照**…対象のあるがままの姿を眺め見極める。

同音異義 **観賞**（＝見て楽しむ）／**鑑賞**（＝芸術などを味わう）／**勧奨**（＝積極的に勧（すす）める）／**干渉**（＝口出しをする）

## 現代文キーワード

□**意識**…①今自分のしていることが自分でわかる状態。②対象を認識する心の働き。③主観的・個人的な経験内容。
⇔無意識

□**多様性**…幅広く性質の異なる群が存在すること。＝ダイバ（ー）シティ【diversity】

関連語 **生物多様性**…種の中、種の間、生態系、地球全体に多様な生物が存在していること。

□**ディオニュソス的**…ディオニュソス（＝バッカス）はギリシア神話の神で、美の概念のうち陶酔的・創造的な類型を指し、フリードリッヒ・ニーチェが使用した用語。⇔**アポロ（ン）的**

□**アポロ（ン）的**…アポロ（ン）はギリシア神話の神で、美の概念のうち理性的・調和的な類型を指し、フリードリッヒ・ニーチェが使用した用語。⇔**ディオニュソス的**

□**弁証法**…矛盾する事柄を統一・総合することによって高い次元の結論に至る・まとめる思考方法。

## 人物

▼**森鷗外**…明治・大正期の小説家・軍医（1862〜1922）。夏目漱石とともに反自然主義の双璧（そうへき）（＝優劣のない優れ（すぐ）た二つの物・二人）とされる。代表作には『舞姫』『高瀬舟』『渋江抽斎』など。翻訳に『即興詩人』など。文芸誌『しがらみ草紙』などを創刊。

▼**ティボーデ**…Albert Thibaudet（1874〜1936）フランスの文芸評論家。

## 確認問題

**1** 「翻訳」の「翻」の訓読みを答えなさい。

**2** 「取捨」の「取」を使うものを選びなさい。
①搾シュ ②シュ役 ③シュ勝 ④シュ向

答 **1** ヒルガエる（ヒルガエす） **2** ①（②主役 ③殊勝 ④趣向）

読解ノート

##  三つの思考力を身に付ける

ポイント0 ➡ p.14

ここで使用する思考力もこれまでと変わりません。

現代文で問われる力は、〈語彙力〉を基盤とする三つの〈思考力〉でした。

一つ目は〈客観的思考力〉。言葉の〈カタチ＝形式〉を見出して、〈筆者の考え＝内容〉を把握することが大切です。

二つ目は〈論理的思考力〉。客観的思考力で得た内容を見比べて、〈同内容・言い換え＝同値（＝）〉の関係と〈違い・対比＝対立（↕）〉の関係を把握することが大切です。

三つ目は〈構造的思考力〉。論理的思考力で得た関係性から問題文や段落の全体を見渡して、〈主題＝テーマ〉についての〈主張＝メッセージ〉を把握することが大切です。

いわば〈見出す〉→〈見比べる〉→〈見渡す〉という三つの〈見る〉力、これこそが現代文で鍛えるべき三つの思考力でした。

##  冒頭では話題を把握

ポイント25 ➡ p.60

【4】のポイント25（p.60）で学習したことを思い出してください。問題文の冒頭ではいきなり全てを理解しようとしないことです。たとえば、「芸術的生産のほんとうの苦しみや喜び」と言われても、その内容を理解することは難しいでしょう。それは問題文の末尾まで読んでわかればいいことです。

まず問題文の冒頭では、〈何について〉書かれているかを考え〈話題〉を把握することが大切です。第一文の主語は「森鷗外」（1行目）であり、第二文の主語も「彼（＝森鷗外）」（2行目）です。また第三文も「彼（＝森鷗外）があのように…彼（＝森鷗外）において…と思う」（4・5行目）という〈形式＝カタチ〉に注目すれば、「彼（＝森鷗外）」について述べていることがわかります。あとはポイント25で説明したように、話題が「森鷗外」であることを把握したうえで、〈同値（対立）〉と〈対立（同値）〉の関係をチェックしていきます。

また、第一文には「知らなかった」、第二文には「だったにすぎない」という〈否定形〉が登場します。ポイント6（p.19）を思い出してください。ここでは〈対立〉の論理を把握することが重要だとわかります。またそれ以外にも、第一文には

「が」、第二文には「けれども」という〈対立〉を示す接続語も出てきます。

したがって、第一文、第二文ともに、〈対立〉する二つの内容を述べていると理解できます。

また、第三文には「創作的代用物となっていた」（5行目）という表現がありますが、「代用物」とは〈代わりに用いる物〉という意味ですから、ここではほんとうの「創作」ではなかったということを意味し、「芸術的生産のほんとうの苦しみや喜び」を「知らなかった」という内容と〈同値〉の表現と言えます。

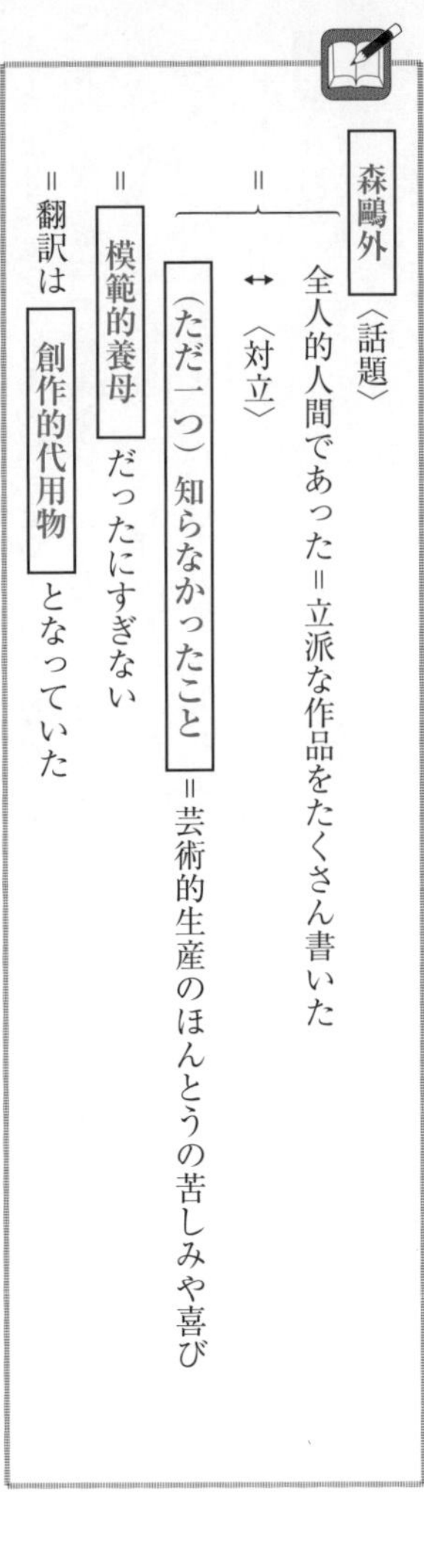


## ◆「～と（いうもの）は」は定義・結論付け　ポイント31

「一体」（5行目）という言葉が出てきますが、ここでは〈そもそも・もともと〉という意味です。会話で使わなくなった文章語なので注意してください。「小説家」とは〈そもそも・もともと〉どういう存在であるかを述べようとしています。

また、一般的に〈ｘとは…・ｘというのは…・ｘというものは…〉といった表現があったときには、「ｘ」の部分の言葉が〈定義付け or 結論付け〉されています。「小説家というものは…」（6行目）とあって、これまで「小説家」についての説明はなく、初めて出てきた話題ですから、ここでは「小説家」の〈定義付け〉が行われていると理解できます。

方程式を初めて習ったときのことを思い出してみてください。〈ｘとは…〉〈ｙとは…〉などと文字を定義した後でその文字

〈x〉〈y〉を用いて答えを求めましたが、あのときと同じように文章表現においても、定義した言葉を使って説明・主張が進められます。したがってここでは〈x〉〈y〉に当たる「小説家」が大切だということになります。

**「〜と（いうもの）は」は定義付け・結論付けの表現であり「〜」は説明・主張を進める大切な言葉**

こうして、話題が先ほどの「森鷗外」から「小説家」に移ったと考えることができます。また、「森鷗外」の説明に「小説家としては…だったにすぎない」（3行目）という否定の表現があるわけですから、「森鷗外」と「小説家」は〈対立〉の関係であり、A（「森鷗外」）↔B（「小説家」）という関係が成立していると把握できます。

そして「小説家というものは」という〈定義付け〉の表現の後に「単に…ではなく〜ものなのだ」という〈形式〉を見出せるので、B（「小説家」）の定義が二つの〈内容〉で形成されていることがわかります。「単に$B_1$ではなく$B_2$」というわけです。まさに〈形式〉をふまえて〈内容〉を理解する〈客観的思考力〉の結果です。

ここまでのことを整理すると、以下のようになります。

森鷗外（A）
↕
小説家（B）
＝ $B_1$（単に…）「現実を再生させるもの」
　 $B_2$（…ではなく〜）「実現を待っている生活、可能の世界における生活を想像の中で創り出しながら、これを生きるもの」
←「だから」
「二つの円環」（$B_1$・$B_2$）＝「それぞれ独自の運動をしているのが普通である」

＝
「小説家的体験」($B_2$)が「生活体験」($B_1$)の「中に据わりこむということは滅多にない」

## ◆ 具体例・引用で繰り返す内容が大切　ポイント32

「ティボーデだったかが言っているが」(10行目)という表現が出てきて、ここからは「ティボーデ」(フランスの文芸評論家)の言葉を利用した一種の引用であることがわかります。

しかも直後に「〜であるということは…」と続きますが、これは先ほどのポイント31(p.75)で学習した〈xとは…・xというのは…・xというものは…〉の変型に過ぎないので、ここでは「小説家」についての〈定義付け〉あるいは〈結論付け〉が行われていると推理できます。今回の場合はすでに「小説家」についての説明をしていたわけなので、引用を利用した〈結論付け〉であると考えていいでしょう。

ポイント20(p.39)〈サンドイッチの構造〉をつかむことについての説明で、具体例や引用の部分を( )に入れて考えるとよいと書きましたが、ここでも「ティボーデだったかが言っているが…とはいえないのである」(10〜14行目)の部分を( )に入れて考えてみましょう。ではその( )に入れた部分の中で、いったいどこが一番大切なのでしょうか。

具体例や引用の前後の一般論がとても大切なわけですから、( )の中でも、その前後の一般論と〈同値〉でつながる部分が、一番大切だということになります。

今回の場合は、すでに読んできた「小説家」(B)についての一般論(B)の箇所と同じ単語(名詞)が二つ繰り返し使われているので、それを手掛かりにすればいいでしょう。

それは「生活(可能)」と「可能(生活)」という言葉です。この二つの言葉はどちらも、すでに$B_2$の説明で使われていました。したがってこの( )の部分は$B_2'$と記号化していい内容です。そしてこのことから、「小説家」について筆者が一番言いたかったことも$B_2$の「想像の中で創り出しながら、これ(=「可能」な「生活」)を生きる」ことだと理解できます。なぜなら大切な内容であるからこそ、〈引用〉を用いて繰り返したわけですから。

**具体例・引用は（　）に入れて繰り返し（＝同値）となっている一般論の内容を大切なものとして理解する**

B₂…小説家というものは…実現を待っている生活、可能の世界における生活を想像の中で創り出しながら、これを生きるものなのだ

＝

B₂′…人が彼自らの深い多様性の中に沈潜して、可能の世界の面（プラン）において一つの生活をつかまえるあるいはむしろそれ（＝生活）につかまえられるのでなければ、ほんとうは小説家とはいえないのである

今回のように、具体例や引用の中に同じ単語の繰り返しが必ずあるとは限りません。別の語句や言い回しによって同じ内容が繰り返されることもあるので、注意が必要です。具体例や引用が出てきたら（　）に入れつつ、一般論の中のどんな内容が繰り返されているかをしっかりとチェックしてください。

また、（　）に入れていい具体例・引用なのか、それとも大切な内容・意見なのかが区別しにくく、（　）に入れて考えていいのかどうかを迷う場合があるかもしれません。

そんな場合には、**具体例・引用なら、他のもの・こと・人に置き換えできるが、大切な内容・意見ならば置き換えできないはずだ**ということを思い出してください（p. 39）。

〈置き換えできないもの・こと・人〉を、私たちは〈大切なもの・こと・人〉と呼ぶのでしょう。

## ◆ 話が戻ったのは重要内容の確認　ポイント33

ここまでの問題文を振り返ってみますと、その話題が「(森)鷗外」から「小説家」へと変化してきましたが、14行目に再び「ところが 鷗外 のやり方といえば」とあります。

こんなふうに、文章を読んでいて〈話が前に戻った〉ということがあります。そんなときには、二つの記述の間に何かの説明を挟むことで、その前後で述べたことに根拠を与えようとしているのだと考えてください。

この場合は、「(森)鷗外」について主張したことに、「小説家」の説明を挟むことで、主張に根拠を与えようとしているということになります。

つまり重要な主張は「(森)鷗外」の方だということです。ここは具体例を挟んだサンドイッチではありませんが、一種の〈サンドイッチの構造(A↔B↔A)〉になっていたわけです。

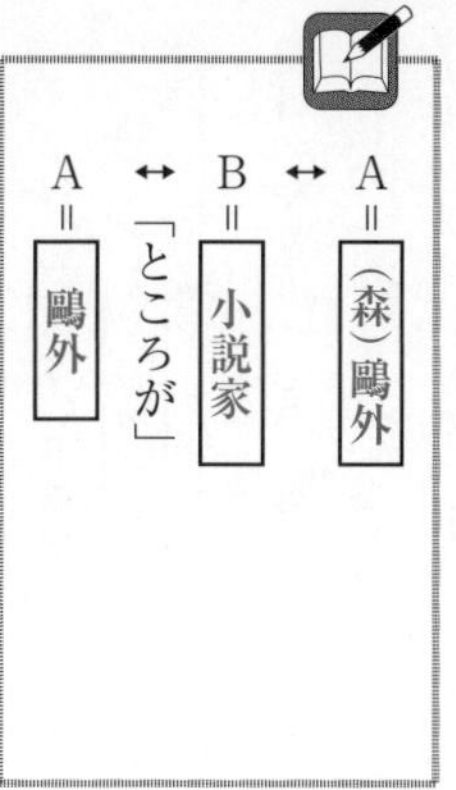

A＝(森)鷗外
↔ B＝小説家
↔「ところが」
A＝鷗外

〈サンドイッチの構造〉では常に、挟んでいる方(A)が挟まれている方(B)より大切です。現代文の〈サンドイッチ〉で重要なのは、常に〈具〉(A´ or B)を挟んでいる〈パン〉(A)の方だということになります。

ここには「ところが」(14行目)という〈接続語〉があったので、前後にある〈対立〉の関係を理解しなければなりません。そのためにはまず「これ」という指示語の内容をとらえる必要があります。「これとは全然違ったもので」とあるので、指しているのは「ところが」の前の部分ということになります。つまりB2´の内容です。

このことを踏まえると、以下のような〈**対立**〉が読み取れます。

$B_2'$…人が彼自らの深い多様性の中に沈潜して、可能の世界の面（プラン）において一つの生活をつかまえるあるいはむしろそれ（＝生活）につかまえられるのでなければ、ほんとうは小説家とはいえないのである

↔「ところが」「全然違った」

A…鷗外のやり方

＝自分の実際やった経験を**与えられた**既定事実として眺め返し、それを取捨して組み合わせる

＝**受動的な**知的な操作

「鷗外のやり方」（A）を「受動的な知的な操作」とまとめていますが、対立する$B_2'$はそうではないということになります。なるほど$B_2'$の「自らの深い多様性の中に沈潜して…一つの生活をつかまえる」というのは「受動的」（A）ではなく能動的（B）な態度だと言えます。また、$B_2'$の「可能の世界の面（プラン）において」＝$B_2$の「可能の世界における生活を想像の中で」ですから、「想像の中で」というのは「知的な操作」（A）と対立する内容と言えます。

さらに$B_2'$の説明に「～のでなければ、ほんとうは小説家とはいえないのである」とあるので、「自らの深い多様性の中に沈潜して、可能の世界の面（プラン）において一つの生活をつかまえるあるいはむしろそれ（＝生活）につかまえられるので」はない「鷗外」は、「ほんとうは小説家とはいえない」ということになります（ここでちょっと難しいのは、「むしろ」の後に「つかまえられる」という受動態があるのに能動的（B）であるという点です。なぜそうなるかと言えば、「それ」＝「生活」が「可能の世界の面（プラン）において」自分が「想像」したものだからです。自分で「想像」した「生活」に自分が「つかまえられる」ということは、つまり自分が能動的（B）に強く「想像」しているということになります）。

ここで、B側の説明以前の部分との〈同値〉の関係を確認しておきます。

森鷗外＝ 芸術的生産のほんとうの苦しみや喜び を知らなかった

＝

鷗外＝ほんとうは小説家とはいえない

ここでもまた〈話が前に戻った〉と言えるわけですが、やはり重要内容の確認が行われているわけです。

**話が以前の内容に戻ったのは〈サンドイッチの構造〉で説明を挟み込み重要内容を確認するため**

## ◆ 同値・対立による説明が大切　ポイント34

「森鷗外」（A）と「小説家」（B）との〈対立〉は繰り返し強調されています。

「小説家の理知は本来 被指導的 」（B）

↔

「彼（＝「 森鷗外 」）においてはそれ（＝「 理知 」）が圧倒的に 指導的 」（A）

「被指導的」の「被」は、〈受ける〉という意味を表すので、「被指導的（＝指導を受ける）」↕「指導的（＝指導を与える）」という〈対立〉が読み取れます。「小説家」（B）の「理知（＝理性と知恵）」という〈「既定事実」を「操作」する（15行目）能力〉が「被指導的」だということは、逆に「想像」という〈「可能の世界」（6・7行目）において「創り出」す（7行目）能力〉が「指導的」に働いていることを意味します。それに対して、「鷗外」（A）の「理知」が「指導的」だということは、「理知」と〈対立〉

する「想像」が逆に「指導的」に働いていないことを意味します。

ここでの「理知」が「指導的」だということと、先ほどの「受動的な知的な操作」（15行目）との関係が、少しわかりにくいので説明しておきますと、「理知」が「指導的」である状態が、「可能の世界」（6・7行目）を「想像の中で創り出し」（7行目）ていないため、「受動的な」「知的な操作」（15行目）だというわけです。

問題文末尾の「友人中には…努力のみである。」は引用です。（　）に入れて繰り返されている内容を探していきましょう。ただし今回は、同じ単語の繰り返しではありません。ここでは先ほどの〈対立〉の論理が繰り返されています。繰り返し自体は〈同値〉の一種ですから、いわば〈対立するペアによる同値〉ということになります。それぞれ$B_2$とAの内容が引用によって繰り返されているので、〈$B_2''$↔$A'$〉としていいでしょう。

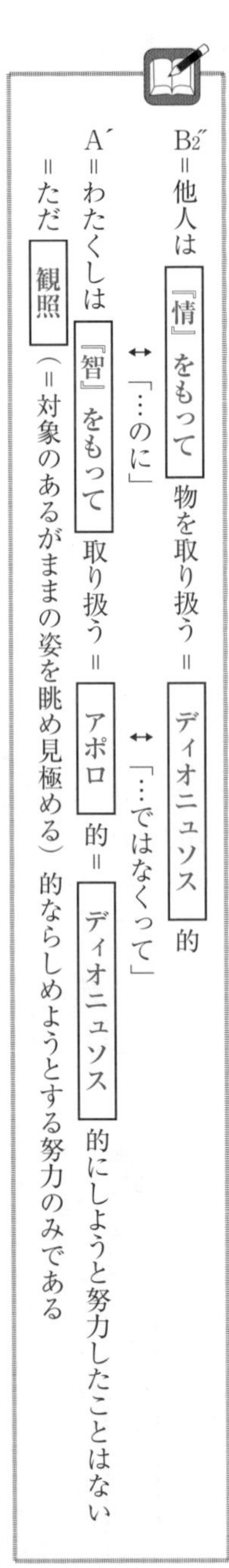
$B_2''$＝他人は『情』をもって物を取り扱う＝ディオニュソス的
↔「…のに」　↔「…ではなくって」
$A'$＝わたくしは『智』をもって取り扱う＝アポロ的＝ディオニュソス的にしようと努力したことはない
＝ただ観照（＝対象のあるがままの姿を眺め見極める）的ならしめようとする努力のみである

いずれにせよ、常に〈同値〉と〈対立〉によって論理的に説明される内容が大切であることに変わりはありません。複雑な論理も〈同値〉と〈対立〉の組み合わせにすぎません。

〈同値〉と〈対立〉を用いて論理的に説明される内容が常に大切な内容である

論理

## 主題＝テーマ〈何について〉の把握　ポイント10 ➡ p.24

ここでも、【1】で学習したポイント8（p.22）を思い出してください。〈出題者〉の〈キキタイコト〉の中心は〈筆者〉の〈イイタイコト〉なので、要約を作成する力をつければ、あらゆるタイプの設問に対応できるようになるということでした。

ポイント9（p.23）で学習した〈要約作りの思考手順〉も思い出してください。考えていく順序は、①〈主題＝テーマ〉→②〈結論〉、最後に③〈根拠〉の順番でした。

ではまず①から。〈何について〉の問題文であったかを考えます。

ポイント10（p.24）で学習したように、問題文の末尾から冒頭を振り返って考えるという思考が大切です。問題文末尾も冒頭も、共通して「（森）鷗外」についてでした。したがって、

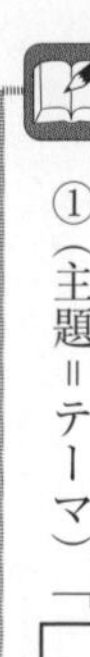

①（主題＝テーマ）「森鷗外」

となります。

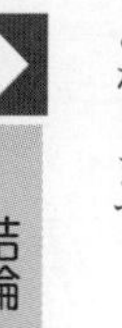

## 結論〈結局何が言いたいのか〉の把握　ポイント11 ➡ p.25

次に②〈結論〉について。ポイント11（p.25）で学習したように、筆者は〈結局何が言いたいのか〉と考える必要があります。テーマである「森鷗外」（A）の説明は、二箇所に分かれており、その間に「小説家」（B）についての説明が挟み込まれていて、〈A↕B↕A〉という一種の〈サンドイッチの構造〉でした。

したがって、〈結論〉としては「小説家」と対立する内容をまとめることになります。本文末尾にあった長い引用でくり返された内容が何であったかを考えることもヒントになるでしょう。

②（結論）経験を既定事実として眺めそれに理知（＝智）による受動的な操作を行った。

## ◆ マイナス⊖の根拠は対立のプラス⊕から

ポイント29 ⬇ p.68

【4】で学んだポイント29（p.68）を思い出してください。

本文では「森鷗外」（テーマ）について否定的（マイナス⊖）な評価が下されています。したがって〈マイナス⊖〉の根拠を〈対立〉する〈プラス⊕〉の側の「小説家」（B）から考えます。

まず「小説家」の$B_1$と$B_2$の内容をまとめます。次に「森鷗外」（A）の側がそれと異なっていることを説明します。こうして根拠は対立する二つの部分で構成されることになります。

③（根拠）

ほんとうの小説家（B⊕）＝ 現実を再生 させるだけでなく 可能 な 生活 を 想像 の中で創り出し生きる

↔

森鷗外（A⊖）＝ 小説家 ではない ＝ 芸術的生産 の 苦しみや喜び を知らない

## ◆ 対立による根拠は先に記述

ポイント30 ⬇ p.69

ここでも【4】の要約（p.69）と同じように考えて下さい。

〈 対立 〉を用いた根拠説明だったので、「 小説家 」（B）の側を先にもってきて要約をまとめます。以下のようになります。

**〈要約例〉**

現実を再生 させるだけでなく 可能 な 生活 を 想像 の中で創り出し生きるのがほんとうの 小説家 だが、 森鷗外 はそうした 芸術的生産 の 苦しみや喜び を知らず、 経験 を 既定事実 として眺めそれに 理知（＝智） による 受動的 な操作を行った。

◆ここまでのポイント一覧（先に進む前に軽く振り返っておきましょう。）

# Lesson【6】
## 表題・正誤判別の解答力

問題文は「何か」について「言いたいこと」があるから書かれたと考えられます。この「何か」＝テーマと「言いたいこと」＝メッセージという全体を踏まえて解くのが表題・正誤判定の設問。特に点差のつく設問形式です。

次の文章を読んで、後の問いに答えよ。　（50点）

ずっと以前、当用漢字の制限がなかったころ、誤用辞典というものがあった。文章を書くおり、又は談話の中に、お互いの陥りやすい誤謬が集めてあって、すこぶる便利なものだった。例えば、病膏肓に入るをたいていの人が病膏盲に入ると言ったり書いたりする。慰藉を慰籍と覚えている人がある。価値をカチョクと読む人もある。誤用辞典にはそういう間違いがアイウエオ順に並べてあった。

私達の頭には何か偶然の関係である言葉が初めから間違って入る。だれでも多少は免れない。人によってはこれが非常に多い。言葉に限ってひどく無頓着の人がいる。私のかかっていた耳鼻科の医者はその大家だった。一度の診察に一つの割合で何か間違ったことを言う。紺屋の長袴というのもこの人の改造だった。

「紺屋の長袴で家のものは構いません。」

医者は自分の家庭のものが風邪をひいてもあまり薬を飲ませないという意味だ。芝居の好きな人で、芝居へ行く時には、「何月何日の診断は午後三時限り」と書いて薬局の窓にはり出す。毎度のことでおかしくなったから、「これは診断でなくて診察でしょう。診察しても診断のつかないことがあるんですから。」と私はからかってみた。

建築家に言葉の無頓着の人がいた。父の友人だったから、私はそのあばた顔まで覚えている。その人の書く仕様書きは間違った文字でいっぱいだった。自分もそれを承知で、

「おれは家を建てるんだ。字を建てるんじゃない。」

と言っていた。工事竣成となると、必ず、

「雨は漏らないか？」

と部下にきく。

「漏りません。」

「漏らないはずはない。」

人工降雨を試みる。するとどこかに漏るところがある。それほど用意周到の人でありながら、言葉の方は誤植のままで頭に入っている。

矛盾をホコトンと読んで、ホコトン居士とあだ名のついた初代の衆議院議員がある。明治の財政家松方侯は議会の答弁に一々牧挙にいとまあらずと言って笑柄を残した。ある法学博士は誌上の論戦中、相手の文章を引用して、某博士の管見によればとやったそうだ。相手が謙遜して標題に何とか管見と書いたものだから、管見を意見の同義語だと早合点したのだろう。芝居のぬれ場を悲嘆にくれる場面と思い込んで、その意味に使っていた文士もあった。ぬれるといえば湿っぽいから、涙と理解するのも方正の君子にあっては無理もない。

私は地方の学校で英語の教師をしていたころ、訳解の時間にある言葉をウテンチョウと訳して、学生に笑われた。ウテンチョウというあだ名がついたかと思う。有頂天がウテンチョウとひっくり返って頭に入っていたのだった。同僚の一人に試金石と訳すべき鉱物学の言葉を試験石と訳して、学生から揚げ足を取られたが、吟味になる石だから試験石でよろしいと強情を張り通したそうだ。試験石という言葉はないけれど、その人の頭には年来そう入っていたのだから仕方がない。

小学校のなかった昔、私達の先祖は寺小屋で読み書きそろばんを習った。幾度も寺小屋を引用しても、その誤謬に気のつくものは十人に一人だろう。寺小屋でなくて寺子屋である。この間違いは最も普遍的で、芝居の番付にも義太夫のビラにも寺小屋としてあることがある。

（佐々木邦『人生エンマ帳』省略した箇所がある）

**要約**　問題文を一〇〇字以内で要約せよ。

（草稿用）

**設問**

**問一**　本文の題として最もふさわしいものを次の中から選び、記号で答えよ。（10点）

ア　言語感覚の不思議　イ　誤用大辞典ヤーイ　ウ　頭の中の誤植　エ　誤用に国境なし
オ　ことばは生きていた　カ　人とことば　キ　誤用の普遍性に関する一考察

**問二**　本文に込められた筆者の考えを三〇字以内でまとめよ。（16点）

**問三**　次のア～エについて、本文の内容に合致するものをA、合致しないものをBとせよ。（3点×4）

ア　ことばにはそれぞれいわれがあり、そのもとをたどることには知的な興味がそそられる。
イ　ことばは生きていて、人間の力でなかなか制御しきれない。そこが厄介であり、面白くもある。
ウ　大きな顔をしていても、誤りは避けきれない。そういう人間の限界をわきまえるべきである。
エ　慎重な人が意外にことばづかいに無神経だったり、ことばや人間の営みには理屈どおりにいかない不思議な面がある。

**問四** 次のア〜エについて、本文の批評に合致するものをA、合致しないものをBとせよ。（3点×4）

ア 文を短くし、接続詞もおさえて、歯切れのいい軽快な文章に仕立てている。

イ 平明な文章をとおして鋭い社会批判を試みている。

ウ 人間の愚かさへのいとおしみを気品ある表現でしみじみと語っている。

エ 研究生活から生まれた思索の世界を対象に、随筆には珍しい太い筋を通している。

## 語句

▼**誤謬**（ごびゅう）…誤り。間違い。

▼**病膏肓に入る**（やまいこうこうにいる）…①回復の見込みがないほど病気が重くなる。②あることに熱中してどうしようもないほどになる。

▼**慰藉**（いしゃ）…慰め、いたわること。

▼**無頓着**（むとんちゃく）…物事を気にかけない、こだわらないこと。

▼**用意周到**…用意がよく行き届いて整っている。

▼**笑柄**（しょうへい）…笑いぐさ。

▼**管見**（かんけん）…狭い見識。自分の見識・見解を謙遜していう語。

▼**謙遜**（けんそん）…控え目な態度をとること。へりくだること。⇔不遜

▼**方正**…心の持ち方や行いが正しいこと。「品行―」

▼**有頂天**…（仏教で色界（しきかい）の最上階の意から）①喜びで気分が舞い上がること。②夢中になり我を忘れること。

▼**試金石**…①貴金属の品質の判定に用いる石。②価値や能力を判定するための材料となる物事。

## 現代文キーワード

□**矛盾**（むじゅん）…①対立する判断が同時に成立する関係。②相互に一方が真なら他方が偽になる関係。③撞着（どうちゃく）（＝つじつまが合わない）。

関連語 **自家撞着**…同じ人の言動が食い違うこと。

□**普遍的**…すべてに・時代や場所を問わず、当てはまる様子。

関連語 **普遍**…①すべてに当てはまること。時代や場所を問わず言えること。②宇宙や存在の全体に関わること。⇔特殊

関連語 **普遍化**…共通性を取り出し、概念・法則を引き出す。

## 確認問題

**1** 空欄に漢字一字を補って正しい慣用句を完成させなさい。

①紺屋（こうや）の□袴　②□挙にいとまがない

**2** それぞれの意味にふさわしい「大家」の読みを書きなさい。

①一つの分野で特に優れた人・金持ちの家。　②家主。

答 **1** ①白（人の世話に忙しく、自分の事をする暇がない）②枚（たくさんありすぎて一々数えきれない） **2** ①たいか ②おおや

読解ノート

## 三つの思考力を身に付ける

ポイント0 ➡ p.14

ここで使用する思考力はこれまでと何も変わりません。大切なので、何度も復習しておきましょう。

現代文で問われる力は、〈語彙力〉を基盤とする三つの〈思考力〉でした。

一つ目は〈客観的思考力〉。言葉の〈カタチ（形式）〉を見出して、〈筆者〉の考え＝内容〉を把握することが大切です。

二つ目は〈論理的思考力〉。客観的思考力で得た内容を見比べて、〈同内容・言い換え＝同値（＝）〉の関係と〈違い・対比＝対立（↕）〉の関係を把握することが大切です。

三つ目は〈構造的思考力〉。論理的思考力で得た関係性から問題文や段落の全体を見渡して、〈主題＝テーマ〉についての〈主張＝メッセージ〉を把握することが大切です。

いわば〈見出す〉→〈見比べる〉→〈見渡す〉という三つの〈見る〉力、これこそが現代文で鍛えるべき三つの思考力でした。〈客観的思考力〉で形式段落などに注目するという点でも、これまでと同じです。

## 〈サンドイッチの構造〉をつかむ

ポイント20 ➡ p.39

1段落を把握するために、ポイント20（p.39）で学んだ〈サンドイッチの構造〉を思い出してください。1段落の〈冒頭〉の文にも、〈末尾〉の文にも同じ「誤用辞典」という言葉があります。また、2行目に「例えば」という〈接続語〉があるので、間に具体例を挟んだ「誤用辞典」を話題とする説明であることがわかります。

誤用辞典〈話題〉＝お互いの陥りやすい誤謬（＝誤り・間違い）が集めてあって、すこぶる便利なものだった（一般論）
＝
（具体例）
＝
誤用辞典〈話題〉＝そういう間違いがアイウエオ順に並べてあった（一般論）

## ◆ プラス⊕・マイナス⊖の価値判断を把握 ポイント24 ⬇ p.52

では、筆者は「誤用辞典」についてどのように考えているのでしょうか。〈何について〉がわかったのですから、今度は〈何を言いたいのか〉をつかむために、価値判断を表す言葉を見落とさないようにしましょう。

先ほどの〈読解マップ〉(p.90)の中に「すこぶる便利なものだった」とあるので、〈プラス⊕〉の評価をしていることがわかります。

ポイント24(p.52)で学んだように、〈⊕・⊖〉の価値判断を示す表現には注目してください。それによって筆者の考えの方向性が見えてきます。

## ◆ 段落と段落とを結び付ける ポイント35

この文章は今まで学習してきた評論(筆者が一般的・抽象的に主張を論じる文章)ではなく、随筆(筆者が個別的・具体的に主観をつづる文章)ですから、論理を明示するような〈接続語〉〈指示語〉はあまり出てきません(あまり使うとニュアンスが消えて、文章が単純化してしまいます)。それでも現代文では客観的に〈論理〉をつかむことが必要です。

したがって、〈接続語〉〈指示語〉に頼らず、自分で〈論理〉をつかみとっていかなければなりません。

接続語・指示語をうまく利用することは大切ですが、いつもそれだけに頼るのは危険。接続語・指示語がなくても、〈同値〉と〈対立〉の論理を自分で把握できる必要があります。

〈構造〉をつかむために、1段落と2段落の前半を、〈同値〉と〈対立〉という〈論理〉の基本でつないでみましょう。

1段落の末尾と2段落の冒頭との間には〈同値〉の論理を見出すことができます。

段落と段落との間に
〈同値〉〈対立〉の関係を見出すことで
大きな内容の理解が進む

1段落末尾…「そういう間違い」
＝
2段落冒頭…「私達の頭に」「何か偶然の関係」で「初めから間違って入る」「言葉」

その後の2段落前半の文は、その「間違って入る」「言葉」（5行目）が「非常に多い」また「言葉に限ってひどく無頓着の人がいる」（6行目）と述べています。そして2段落の後半と3段落（8〜11行目）は、そういう人の具体例として「（私のかかっていた）耳鼻科の医者」を挙げて説明しています。

## ◆ 並列があれば共通性を見出す　ポイント36

4・5段落（12〜21行目）はどうでしょうか。冒頭の部分を見てみましょう。

ここでもやっぱり「言葉に限ってひどく無頓着の人」（6行目）の具体例が出てきます。「建築家」＝「父の友人」（12行目）を取り上げます。この段落はずっとその話です。

5段落末尾の文に注目をしてください。仕事では「用意周到」でも、「言葉（の方）」は「誤植のまま」（21行目）と述べています。「言葉」の間違いは仕事と無関係だと言っているわけです。

つまり4・5段落は、3段落と〈並列〉される具体例による説明でした。〈並列〉とは共通性のあるものを並べて説明する表現法です。

ここでは言葉をよく間違える人の具体例として、身近な人々を「おかしくなった」（10行目）「からかってみた」（11行目）と愉快そうに取り挙げている点が共通しています。つまり、言葉を間違える人って面白い（楽しい）、というのが筆者の考えということになります。

**Point**

並列があれば
どのような共通性（同値の性質）があるかを見出し
筆者の考えに迫る

論理

## ◆ 具体例の種類を見分ける　ポイント37

6段落（22〜26行目）には合計四つの例が並列されています。「衆議院議員」「財政家」「法学博士」「文士」という四つの単語に注目してください。ここでの共通性は、〈ちょっと偉そうに見える人たち〉です。したがって、〈地位〉や〈立場〉とは関係なく、どんな人だって言葉の間違いをするというのが筆者の考えということになります。

7段落（27〜31行目）もまた具体例による説明です。今度は6段落と違って、「私」と私の「同僚」に関わる二つの具体例が並列されています。共通性は筆者である「私」を含めた〈私たち〉の話だということです。言葉の間違いをするのは他人ばかりじゃなくて自分たちも同じだと述べているわけです。したがって自分もだれかを非難できる立場にはいないということになります。

最後の8段落（32〜34行目）も、「寺子屋」を「寺小屋」とするという言葉の間違いの具体例です。ここでは6・7段落と違って、誰かに特有のものではなく、「最も普遍的（＝すべて・だれにも共通にあるよう）」な具体例を挙げているわけです。

こんなふうに、それぞれの具体例の種類が違うことを見分けて抽象化することで、筆者の考えに迫っていくことができます。

**具体例の種類を見分ける（＝小さな〈対立〉を見出す）ことで筆者の考えに抽象化する**

## ◆ 具体例・引用で繰り返す内容が大切　ポイント32 ➡ p.77

要約を作るときの手順はまず〈主題（テーマ）〉の把握でした。ここではポイント32（p.77）で学んだことを利用します。

この文章にはたくさんの具体例が登場しましたが、そのほとんどは「言葉」の「間違い（＝誤謬）」に関するものでした（1段落の具体例だけが「誤用辞典」に関するものでした）。

したがって、その内容を2段落以降の全体に関わる〈主題＝テーマ〉にふさわしい形にまとめてみます。

①〈主題＝テーマ〉「言葉」を「偶然」に「間違って」記憶し使うということ

## ◆ 随筆は繰り返し内容から結論へ　ポイント38

**評論**の多くが〈対立〉を用いて一般的・抽象的な主張を述べることが多いのに対して、この文章のような**随筆**は、〈繰り返し〉あるいは〈積み重ね〉という一種の〈同値〉を用いて個別的・具体的な主観（心情など）を述べることが多い、と考えてください。

したがって、随筆の〈結論〉は、具体例や対象を変えながらも、繰り返し出てきた内容を答えてください。具体例そのものを答えるわけではなく、その具体例を用いて最終的に述べられている**主観（心情など）**を答える必要があります（具体例は他のものに置き換えられるものに過ぎず、大切なのは他のものに置き換えられない**筆者の主観（心情など）**です）。

**随筆・エッセイでは繰り返しや積み重ねを用いて述べた筆者の主観を結論とする**

しかも、随筆においては、結論が明示されていない場合も多いので大変です。今回の場合も、問題文中にはたくさんの具体例があっても、それを最終的にまとめている言葉が登場しません。ただし、何となく楽しそうに具体例が並べられているのはわかったと思います。「ホコトン居士」（22行目）「ウテンチョウ」（27・28行目）「試験石」（29・30行目）といった表現からも、筆者が〈面白い⊕〉〈楽しい⊕〉と考えていることが読み取れます。随筆では思い切って自分の言葉で結論をまとめましょう。

②（結論）面白い（楽しい）

## ◆ 根拠〈なぜそう言うのか〉の把握　ポイント12 ⬇ p.26

1段落には具体例があって、それは「誤用辞典」という話題に関するものでした。大切な内容だからこそ、その話題に関する具体例を挙げるわけですし、問題文の大切な内容とは〈テーマ〉〈結論〉〈根拠〉のことですから、ここまで考えてきた〈テーマ〉〈結論〉と直接的には関係していない「誤用辞典」は〈根拠〉と関係する話題だと考えられます。

「以前…誤用辞典というものがあった」とあるので、過去の事実を〈根拠〉として取り上げていると推理できます。〈テーマ〉である〈「言葉」を「偶然」に「間違って」記憶し使うということ〉が、〈結論〉である〈面白い（楽しい）〉につながるためには、誰もが間違い筆者自身も間違えるということが前提にあって、けっして非難や批判の対象にならないということが条件となるでしょう。それが誤用辞典の存在によってわかるというわけです。

ただし、ここでも問題文中には〈根拠〉に関わる様々な**具体例**が並べられているだけなので、ポイント34（p.81）・ポイント35（p.91）で学習したように、問題文に登場しない言葉も用いてまとめなければなりません（他のものに置き換えられる**具体例**のままではなく、一般化して**具体的内容**にするためです）。

③〈根拠〉以前「誤用辞典」があったことからもわかるように、仕事や地位や立場と関係がなく身近な人や自分自身にも起こるし、誰もが書き間違いやすい「普遍的」な誤りもあって

## ◆ 問題文全体の要約を作る

ポイント13 ⬇ p.26

①〈主題＝テーマ〉→②〈結論〉→③〈根拠〉の〈思考手順〉で得た内容を合わせ、ポイント13（p.26）を思い出して要約を作ります。記述していく順序に決まりはありませんが、〈思考手順〉とは違って、

①〈主題＝テーマ〉→③〈根拠〉→②〈結論〉

にすると、まとめやすいことが多いでしょう。

**〈要約例〉**

言葉を偶然に間違って記憶し使うということは、以前誤用辞典があったことからもわかるように、仕事や地位や立場と関係がなく身近な人や自分自身にも起こるし、誰もが書き間違いやすい普遍的な誤りもあって、面白い（楽しい）。

# Lesson【7】記述・趣旨論述の解答力

記述説明の設問は、単に傍線部を易しい言葉に置き換えるという設問ではありません。意味段落での筆者の主張に沿って傍線部を説き明かすのです。さらに趣旨論述の設問は、全体の筆者の主張を踏まえて趣旨の展開をまとめます。

次の文章は、ある本の「序」である。これを読んで、後の問いに答えよ。（50点）

ヨーロッパの美に近づいて行くについて、私は、自分で考えてみて、ヨーロッパの正統とされるものに比べてはいかにも異端的な道をたどったものだと思う。元来、ヴァレリイの言うヨーロッパ、それを構成する三つの主柱、すなわち、ギリシャ、キリスト教、科学精神といったものの、このどれ一つをとってみても、なみの日本人としての生活感情を生（な）なままで、それをもったままで近づいて行って、ごく自然にこの三つのものの、どれ一つとして自然にわれわれのなかへ入って来てくれるというものではない、と思われるのである。ギリシャ、キリスト教、科学精神――これらのものに近づくについては、われわれとしては、われわれの内なる自然なもののうちの、何か一つを、またはいくつかのものを殺してかかるか、またはどこかへ押しこめたり目をつぶったりしてかからなければならぬ、と思う。

正直に言って、誰しも何らかの無理をしなければならないのである。つまり、勉強、ということがどうしてもともなう。そうして、^A^この無理と努力の報酬としての感動がある、というかたちになっていることが大部分の例であろうと思われる。もし仕合せにも、正統に、感動が先立ってくれたとしても、その後の始末には、どうしても勉強ということがともなわざるをえないであろう。精神のどの部分かをねじ曲げ、あるいはねじ曲げられることが感動である、といった例さえ稀（まれ）ではない筈（はず）である。そのことをよいとかわるいとか言っているのではない。非西欧地域の西欧観、あるいは近代化というものにともなう、それは避けて通ることの出来なかった道なのであった。

その逆もまた真である。私の知人の、モスクワのある女性は、英仏語は公式の通訳をつとめるほどに熟達してい、しかも専門はインド文学で、ヒンディ語及びペルシャ系のウルドゥ語にも精通しているひとであるが、この専門家も、インド音楽にだけは、どうしても我慢が出来ない、と私に告白したことがあった。ということは、キリスト教の寺院建築に典型的にあらわれている、あの中心へ向う意志というもののない、つまり中心志向の構造をもたなくて、寺院建築同様の構造をもつ西洋古典音楽との対比の上でこれを言えば、いわば無限に連続し持続し、かっちりとした開始点と終止点とをもたないかに思われる東方の音楽が、彼女にはどうにもなじめないわけである。またスペインのフラメンコ音楽がどうにも不愉快でならぬというスイスの娘も私は知っている。

B 私としてはそういう彼女らに、半分がたは同感し、同情できるように思った。ここで半分がたは、という曖(あい)昧(まい)なことばを使ったのは、こういうことは量であらわすことのできないことであり、幼時を墨絵や書を眺め、琴や三味線などの東方の音楽のなかで育ち、その後は西方のそれを見、聴いてすごして来た自分というものの姿が、彼女らとの会話の間に現前して来ていた、と感じたからである。

だからここで、柄にもないということばを絵に描いたような、まったく柄にもない美術についての私的な感想を書いて行くについて、私の努力は、なるべく努力をしない、勉強をしない、ということに注がれることになる。それがどこまで出来ることであるかは私にもわからないが、異質の美に接して、無理と努力、勉強をできるだけしないで、出来るだけ、最大限に自分の自然を保って見て行きたいと思う。いかなる巨匠の、いかなる圧倒的な傑作と世に称されるものであろうとも、それが自分の自然にとって滑稽と思われたら、それを滑稽と言う自然を保って行きたいし、つもりとしてはそうして来たつもりでもあった。ヨーロッパの正統だけが、ヨーロッパを視(み)るについての正統である筈がないからである。むかし歌舞伎の羽左衛門(注)がヨーロッパへ行って「なんだ、どれもこれもみな耶蘇（ヤソ）じゃねえか……」と言ったという、Cそういう心持を私としても保って行きたい。

（堀田善衞『美しきもの見し人は』）

（注）羽左衛門――十五世市村羽左衛門。歌舞伎俳優。明治七年（一八七四）～昭和二十年（一九四五）。

**要約** 問題文を一〇〇字以内で要約せよ。

（草稿用）

**設問**

**問一** 「無理と努力の報酬としての感動がある、というかたちになっている」（傍線部A）とあるが、なぜそうなるのか、わかりやすく説明せよ。（12点）

**問二** 「私としてはそういう彼女らに、半分がたは同感し、同情できるように思った」（傍線部B）とあるが、「彼女ら」は「私」にとってどういう意味をもつ存在か、わかりやすく説明せよ。（16点）

**問三** 「そういう心持を私としても保って行きたい」（傍線部C）とはどういうことか、本文全体の趣旨を踏まえて、一〇〇字以上一二〇字以内で説明せよ（句読点も一字と数える）。（22点）

## 語句

▼**正統**…①正しい血筋・系統。②伝統や教えを正しく受け伝えていること。⇕異端

▼**元来**（がんらい）…もとより。そもそも。

▼**主柱**…①建物の中心となる柱。②その集団の中で支えとなる中心的存在。

▼**真**（しん）…うそ・いつわりのないこと。真実。⇕偽（ぎ）

▼**現前**…目の前に現れること。実際にここにあること。「─する」

同音異義 **厳然**（＝動かしがたい様子「─たる」）

▼**柄にもない**…能力や性格などにふさわしくない。

▼**耶蘇**（やそ）…イエス＝キリスト・キリスト教（徒）の古風な表現。

## 現代文キーワード

□**中心**…①中央。②円周・球面のどの点からも等しい距離にある点。③権力や資本が集まる場。

関連語 **西洋中心主義**…西洋（＝ヨーロッパ）こそ最も文化・文明の進んだ優れた地域だとする考え方。

関連語 **脱中心化**…中心の価値を否定し、周縁の価値を肯定しようとする考え方。

関連語 **周縁**…①ものの周り・縁。②中心・中央から離れた辺境。

## 人物

▼**ヴァレリイ**…Paul Valéry（1871～1945）。フランスの詩人、思想家。

## 確認問題

**1** 「報酬」の「酬」を使うものを選びなさい。
①シュウ態 ②応シュウ ③シュウ熟 ④世シュウ

**2** 空欄に漢字を入れて「曖昧」の対義語を作りなさい。
曖昧⇕明□

**3** 「滑稽」の「滑」の訓読みを二つ答えなさい。

答 **1**②（①醜態 ③習熟 ④世襲） **2**確・瞭 **3**スベる・ナメラか

【7】は読むのも解くのも大変な、なかなかの難問です。覚悟して進んでください。これまでよりもずっと思考力が要求されます（入試で記述式の設問が出題されない人は、自分の解答のでき具合を気にせず、解説を読んで理解するだけでもかまいません）。

## ◆ 三つの思考力を身に付ける

ポイント0 ➡ p.14

ここで使用する思考力もこれまでと何も変わりません。

大切なので、今回も復習しておきましょう。

現代文で問われる力は、〈語彙力〉を基盤とする三つの〈思考力〉でした。

一つ目は〈客観的思考力〉。言葉の〈カタチ（形式）〉を見出して、〈筆者の考え＝内容〉を把握することが大切です。

二つ目は〈論理的思考力〉。客観的思考力で得た内容を見比べて、〈同内容・言い換え＝同値（＝）〉の関係と〈違い・対比＝対立（↔）〉の関係を把握することが大切です。

三つ目は〈構造的思考力〉。論理的思考力で得た関係性から文章の全体を見渡して、〈主題（テーマ）〉についての〈主張＝メッセージ〉を把握することが大切です。

いわば〈見出す〉→〈見比べる〉→〈見渡す〉という三つの〈見る〉力、これこそが現代文で鍛えるべき三つの思考力でした。

## ◆ リード文で枠組みを把握

ポイント39

今回の問題では、問題文に入る前に注意が必要です。**まずリード文（＝前書きの文）に注目することが大切です。単に「次の文章を読んで、後の問いに答えよ」というわけではありません。**

「次の文章は、ある本の『序』である」と書かれています。つまり、問題文全体が「ある本の『序』」として書かれたものだという情報を、**出題者が直接的に受験生に提供しているわけです。**「ある本の『序』」ということは、「ある本」の〈執筆の事情や意図〉を述べていると考えられます。

したがって今回は、まず問題文全体が「ある本の『序』」つまり「本」をテーマにしているという枠組みの中にあることを前提にして、読んでいかなければなりません。

もちろんこういったことを考えることも、形式段落などを考慮するときと同様の〈**客観的思考力**〉に基づくものです。

**リード文に書かれている内容は問題文の枠組みや読解の前提となる出題者からの直接情報として大切**

## ◆ 冒頭では話題を把握

ポイント25 ➡ p.60

ポイント25（p.60）で学習したように、問題文の〈冒頭〉ではまず〈**話題**〉をしっかりと把握してください。〈冒頭〉を完全に理解しようと焦っても、なかなかうまくいきません。ポイント7（p.21）で学習したように、問題文の〈**末尾**〉から振り返って初めて理解できることも多いからです。

そこで、問題文の〈冒頭〉では、〈何について〉書かれているかを考え〈**話題**〉だけはきちんと把握することを心がけたうえで、〈**同値**〉と〈**対立**〉の論理をチェックしていきましょう。

問題文の冒頭部には「～**について**」とありますので、〈話題〉を把握するのは簡単です。ただし、先ほど学習したようにリード文があるので、この〈話題〉もまた「ある本の『序』」という枠組みの中にあることを意識する必要があります。また1行目に「**比べて**」という比較の表現があるので、〈A↔B〉という形で〈対立〉をチェックします。

**ヨーロッパの美に近づいて行く**〈話題〉↑「本」

ヨーロッパの**正統**＝ギリシャ、キリスト教、科学精神（A）

↔「比べて」

**異端的な道**＝われわれ（＝**日本人**）の内なる自然なもの（＝**生活感情**）…を殺してかかるか、または…押しこめたり目をつぶったりしてかからなければならぬ（B）

この箇所に出てくる「[正統]」↕「[異端]（＝正統からはずれていること）」という対義語にも注目してください。「ヨーロッパの美に近づいて行く」について、「私」は「正統」（A）でなく「異端的な道をたどった」＝「われわれ（＝日本人）の内なる自然なもの（＝生活感情）…を殺してかかるか、または…押しこめたり目をつぶったりしてかからなければならぬ」（B）というわけです。「殺してかかるか、または押しこめたり…してかからなければならぬ」という表現から、B側にはマイナス⊖の要素が含まれることも読み取れます。

## 段落と段落とを結び付ける

ポイント35 ➡ p.91

ポイント35（p.91）で学習したように、[2]段落に移ったときには[1]段落とのつながりを考える必要があります。

【6】のときと同じように、[1]段落と[2]段落の前半を、〈[同値]〉と〈[対立]〉という論理の基本でつないでいきましょう。

[2]段落の冒頭には「正直に言って、誰しも何らかの無理をしなければならないのである」とあります。ここで、[1]段落の〈B⊖〉との〈同値〉関係がとらえられます。さらに、〈プラス⊕〉を示す表現である「美」「感動」という言葉にも注目すると、〈B⊖〉と〈⊕側〉とが、順序を入れ替えながらも〈同値〉の関係で繰り返し説明されていきます。

ヨーロッパの美（⊕側）に近づいて行くについて…異端的な道
＝われわれの内なる自然なもの…を殺してかかるか、または…押しこめたり目をつぶったりしてかからなければならぬ（B⊖）

＝

誰しも何らかの[無理]をしなければならない＝[勉強]、ということがどうしてもともなう
＝この[無理と努力]（B⊖）の報酬としての[感動]（⊕側）

＝

[感動]（⊕側）が先立ってくれたとしても…どうしても[勉強]ということがともなわざるをえない（B⊖）

＝

精神のどの部分かをねじ曲げ、あるいはねじ曲げられること（B⊖）が[感動]（⊕側）

次に、ここまでのB㊀の内容が「近代化」と結びつけられます。「非西欧地域の西欧観」とありますが、この「非西欧地域」には「日本」も含まれ、一方「西欧」は「ヨーロッパ」を代表する地域と考えられます。

ここでは「近代化」＝〈「非西欧地域」の「西欧」化〉というわけです。「私」（1行目）の話が「われわれ」（5・6行目）＝「非西欧地域」（14行目）の人間へと一般化されていった結果、以下のような〈同値〉の関係をとらえることができます。

> 非西欧地域の西欧観、あるいは近代化というものにともなう、それは避けて通ることの出来なかった道
>
> ＝
>
> 異端的な道（B㊀）

## ◆ 意味段落に分けていく　ポイント40

③段落の冒頭には「その」という〈指示語〉が出てきます。ポイント5（p.19）で学習したように、特に〈段落冒頭〉の指示語〉には注目してください。前の段落に〈指示語〉と〈同値〉内容の言葉があるということです。

「その」＝「非西欧地域の西欧観、あるいは近代化というものにともなう、それは避けて通ることの出来なかった道」ですから、簡単にまとめれば「非西欧」→「西欧」「にともなう」「道」ということになります。

「その逆」とありますが、「逆」とは〈方向・順序〉（↓）がひっくり返ることですから、ここでは「西欧」→「非西欧」「にともなう」「道」であろうと予測できます。

したがって、ここからは主張の〈方向〉が変わります。①・②段落までを第一意味段落、③段落目（「その逆もまた〜」）以降を第二意味段落とします。

ピザもお好み焼きも全体を程よく切り分けないとうまく食べられません。文章でもまったく同じことが言えます。形式段落がないときや、今回のように形式段落が多いときには、ぜひ意味段落に切り分け、全体をまとめようと意識しながら読んでください。

記述入試では、一般に意味段落（＝意味のまとまり）に基づいて設問が作られています。

特に記述入試においては
主張の話題・方向で問題文を切り分け
意味段落を作りながら読む

## ◆「近代」「現代」に関わる内容は大切 ポイント28 ➡ p.67

第二意味段落の冒頭「その逆もまた真である。」の後には、いくつかの具体例が並びます。具体例に当たる「私の知人の…私は知っている。」（16〜23行目）の箇所を（　）に入れながら、具体例とその前の「その逆」（＝「西欧」→「非西欧」）との〈同値〉の関係を確認しておきます。

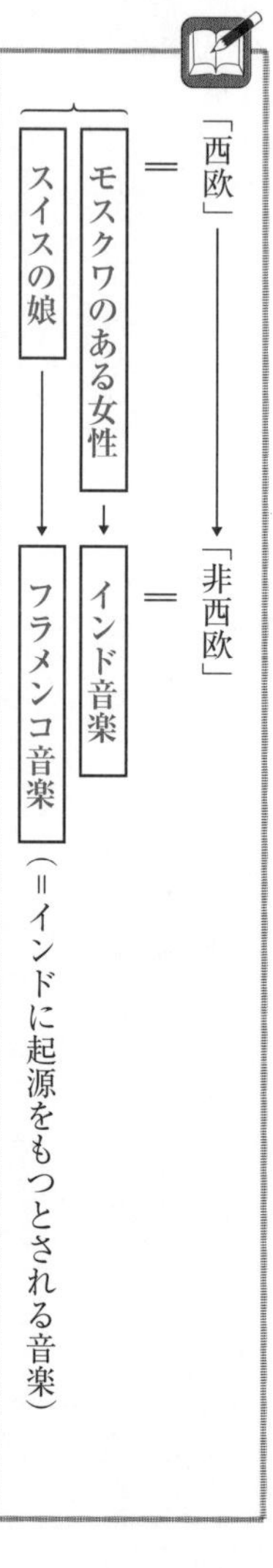


「その逆」の後には「もまた真である。」と続きます。「真（＝真実）」であるという判断が行われているわけですから、単に「その逆」が具体例として挙げられているだけではなく、筆者は具体例に対する「真」の判断も示しているはずです。ではここでの「真」の判断とは何でしょうか。ここは少し難しいところです。まずは、第一意味段落のBの内容における判断を振り返って把握し直しましょう。

筆者はBの内容について、第一意味段落の末尾で「近代化というものにともなう…避けて通ることの出来なかった道」（14・15行目）という判断を示していました。具体的にはそれは、「無理と努力」（10行目）＝「どうしても勉強ということがともなわざるをえない」（11・12行目）＝「精神のどの部分かをねじ曲げ、あるいはねじ曲げられる」（12・13行目）道のことです。

ということは、筆者は〈「非西欧」→「西欧」の「美に近づいて行く」「道」〉は「無理と努力」をすることが「近代化というものにともなう…避けて通ることの出来なかった道」だったという判断を「真」だと考えていることになります。したがって、もしも「その逆」＝〈「西欧」→「非西欧」の「美に近づいて行く」「道」〉を辿ろうとするなら、その「道」「もまた」やはり「精神のどの部分かをねじ曲げ、あるいはねじ曲げられる」ことになると判断していると考えられます。

ところが一方、「西欧」と「非西欧」には決定的な違いもあります。それを表しているのが「非西欧」の「近代化」というものにともなう」（14行目）という表現です。「非西欧」は「近代化」のために「西欧」に近づく必要がありましたが、「西欧」は「近代化」のために「非西欧」に近づく必要がありませんでした（このことは背景知識としても、ぜひ理解しておいてください。ポイント28（p.67）で学習したように、「近代」に関わる内容は大切です）。

したがって、ここでの「その逆もまた真である」（16行目）とは、〈「非西欧」→「西欧」の「美に近づいて行く」「道」〉と同様に、〈「西欧」→「非西欧」の「美に近づいて行く」ことに「もまた」、「無理と努力」が「ともなわざるをえない」けれど、「近代化」のために「非西欧」に近づく必要のない「西欧」は、実際にはわざわざ「非西欧」の「美」に近づくために「精神のどの部分かをねじ曲げ、あるいはねじ曲げられる」ことになる「無理と努力」をしたりはしないわけです。つまり〈「西欧」→「非西欧」〉は〈避けて通ることの出来た〉「道」だったのです。

ここで示された筆者の抽象的な判断と、具体例に見られる判断との〈同値〉の関係を確認しておきましょう。

「その逆もまた真である」＝〈避けて通ることの出来た〉「道」
＝「西欧」は「非西欧」の「美」に近づく道において「無理と努力」をしない
＝モスクワのある女性は…インド音楽にだけは、どうしても我慢が出来ない
＝東方の音楽が、彼女（＝「モスクワのある女性」）には どうにもなじめない
＝フラメンコ音楽が どうにも不愉快でならぬ というスイスの娘

## ◆ 難しいときこそ客観的思考力を　ポイント41

4段落も3段落と同様に、段落の冒頭文に「そういう」という〈指示語〉があります。ここでもまた、指示語と〈同値〉の関係の言葉が前の段落にあるということです。段落冒頭の指示語はいつも前の段落との〈同値〉の関係を教えてくれるので重要です。

「そういう彼女ら」（4段落）＝〈「非西欧」の「美」に近づく道においては「無理と努力」をしない「西欧」の人たち〉（3段落）であるという確認が必要です。

では「私としてはそういう彼女らに、半分がたは同感し、同情できるように思った」とは、どういうことでしょうか？「同感」「同情」とは、「同」という文字の示す通り〈同値〉の関係を前提にしています。ここでは「私」が「そういう彼女ら」に「半分がたは」同じ気持ちになれるということです。彼女らは「西欧」の人たち、「私」は「非西欧」の人だというのに、なぜ同じ気持ちになれるのでしょうか？

このことについては、同じ4段落の傍線部の後の文章が謎を解いてくれます。ここで立ち止まって考えていても、理解することは難しいでしょう。

ポイント2（p.16）を思い出してください。形式段落を一つのお皿だと思って、そこに載っている一つの料理を味わうように、段落内の内容をしっかりと把握してください。一文ずつ読んでいくだけでなく、一段落ずつ理解していくという〈客観的思考〉が大切です。

文章・問題が難しいときこそ
文章や問題のカタチを
観察する〈客観的思考力〉が大切

## ポイント42　二次的認識を示す言葉に注目

「…からである」（27行目）というカタチにも注目してください。ここでは「私」がどういう人であるかが説明されています（ちなみに、ここに出てくる「現前（＝目の前に現れること）」という言葉と同音異義語の〈厳然（＝動かしがたい様子）〉との区別は重要なので、しっかり覚えておいてください）。

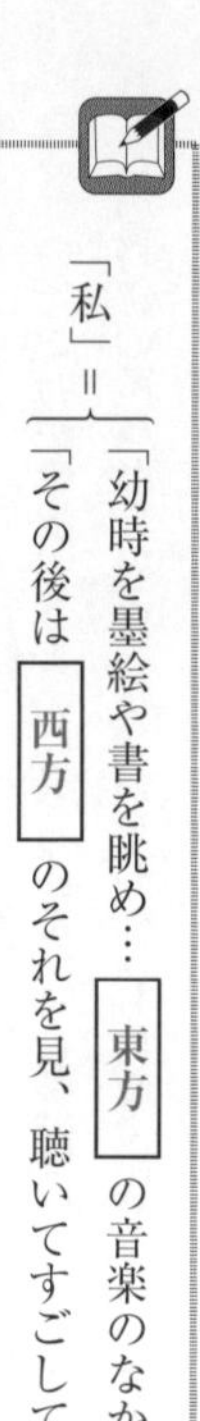
「私」＝｛「幼時を墨絵や書を眺め…東方の音楽のなかで育ち」
「その後は西方のそれを見、聴いてすごして来た」

つまり「私」は「半分がた」は「西欧」の「美」を「見、聴いてすごして来た」から、「半分がた」は「彼女ら」に「同感」「同情」できたというわけです。ただし、それは「半分がた」でしかない。なぜなら「私」は「東方」＝「非西欧」の「美」のなかでも育ってきたからです。「私」はそのために「西方」＝「西欧」の「美」に近づこうと「無理と努力」をしてきたわけですが、それに対して「彼女ら」は「無理と努力」をしないわけですから、「私」は「彼女ら」に「半分がた」しか「同感」「同情」できなかったというわけです。

段落冒頭文の中の「半分がたは同感し、同情できる」（24行目）という部分の理解が難しいと思った人もいると思いますが、慌てないでください。「半分」ということは、〈全体〉が2つで構成されていることを意味します。「半分好き」と言われたら、同時に「半分好きじゃない」ということですね。「半分」という状態は〈2つ（全体）〉があって初めて存在します。そこで、この〈半分〉という表現を〈二次的〉認識を示す言葉ととらえてください。〈二次的〉とは〈一次的〉なものの後に続くという意味で使っています。ここでは、2つで構成された〈全体＝一次的なもの〉を前提として、「半分」の「同感」「同情」ともう「半分」の「同感」「同情」できない感情との〈2つ〉を読み取ります。

「半分」以外にも、「二番目」「もう一つ」「裏の面」などは〈二次的〉認識を示す言葉です。

Point

二次的認識を示す表現に
注目することで
論理を正確に把握する

##  記述設問は意味段落を踏まえる　ポイント43

5段落の冒頭には「だから」とあります。ポイント4（p.18）で学習したように、〈段落冒頭の接続語〉には注目してください。段落と段落との関係を教えてくれる方向指示器（ウィンカー）のような大切な役割を果たしています。

「だから」は〈因果〉の関係を示す接続語です。5段落以降は前の段落を〈原因〉としてその〈結果〉に当たる内容が来ると理解できます。したがってここから主張が変わります。そこで、この段落冒頭の「だから」以降を第三意味段落とします。

ポイント40（p.103）で学んだように、特に記述入試では意味段落に分けることがとても大切です。これで、

第一意味段落（1・2）に問一の傍線部A
第二意味段落（3・4）に問二の傍線部B
第三意味段落（5）に問三の傍線部C

となっていたことが確認できます。もちろんいつも意味段落に傍線が一本ずつあるとは限りませんが、二本以上あったときでも、それぞれの傍線の所属している段落が何を話題にし何を主張しようとしているかを確認することは、記述入試においてとても大切です。

記述設問では傍線が所属する
意味段落の話題・主張を
踏まえてから説明する

## ◆ 論理の順序に注目

ポイント21 ⬇ p.46

因果の関係については、ポイント21（p.46）で学んだことを思い出してください。〈順序〉を考えるということが大切でした。復習しておきましょう。

〈因果〉＝〈同値〉＋〈順序〉、〈変化〉＝〈対立〉＋〈順序〉です。

ここでは、前の段落（4段落）で筆者が何を述べていたかを考え、その内容から〈順序〉を踏まえて考える必要があります。4段落末尾では、「東方（＝非西欧）」と「西方（＝西欧）」の両方の「美」に触れてきた「自分というものの姿が、彼女らとの会話の間に現前して来ていた」と述べていました。したがって、5段落冒頭はこの内容を受けた主張なのです。

筆者は「美術についての私的な感想を書いて行くについて」と、1段落に続けて再び「～（に）ついて」という言葉のカタチで、〈話題〉を明示しています。「ここで」（28行目）という言葉を用いて、1～4段落まで述べてきた〈これまで〉の自分を踏まえた上で、先に進もうとしているわけです。ポイント39（p.100）で学んだように、問題文全体がリード文にあった「ある本の『序』」という枠組みの中にあることを思い出してください。そのことによって、「ここで」というのがこの「本」を「書いて行く」にあたってということであることが、初めて理解できます。出題者はそのためにリード文をつけていたわけです。一般にリード文では無駄な情報は与えられません。

では、筆者は〈これまで〉のことから、「ここで」どのような〈結果〉へと進んでいくのでしょうか？

「私の努力は、なるべく努力をしない、勉強をしない、ということに注がれることになる」（29・30行目）とあります。末尾の「～ことになる」という言葉のカタチにも注目してください。この末尾のカタチはこの文の内容が〈結果〉であることを示しています。5段落の冒頭文は「だから…ことになる」という文型で、前の段落の内容から生じたことの〈結果〉を説明しているわけです。

つまり「彼女ら（＝〈「非西欧」の「美」に近づく道においては「無理と努力」をしない「西欧」の人たち〉）」に出会って、これまで「東方（＝非西欧）」と「西方（＝西欧）」の両方の「美」に触れてきた「自分というものの姿が、彼女らとの会話の間に現前」した結果、リード文にある「ある本」を書こうとしている筆者は「ここで」、「なるべく努力をしない、勉強をしない」と決心したわけです。

## ◆ 〈裏返しの同値〉に注目 ポイント44

第二文も冒頭文と同様の内容を〈裏返しの同値〉を用いて繰り返しています。ここで言う〈裏返しの同値〉というのは、否定形で述べたことを裏返して肯定形の表現に変えることで自分の主張を打ち出していることを意味します。また冒頭文の「美術」は、第二文に「異質の美」という言葉があるので、「西欧」の「美術」のことだと理解できます。

このように〈裏返しの同値〉を用いて、筆者は「西欧（＝「異質」）」の「美術についての私的な感想を書いて行く」について「最大限に自分の自然を保って見て行きたい」という自分の主張を打ち出しているわけです。

〈裏返しの同値〉にぜひ注目してください。もちろん今回のように、否定形で述べたことを裏返して肯定形の表現に変えるとは限りません。逆に、肯定形を裏返して否定形の表現に変える場合もあります。また、〈能動態〉と〈受動態〉を用いた〈裏返しの同値〉や、〈自分〉の視点と〈他人〉の視点、あるいは〈加害者〉の視点と〈被害者〉の視点、話し手と聞き手、作者と読者などを用いる場合もあります。

**Point**

**裏返した表現による〈同値〉に注目することで筆者の主張を正確に把握する**

## ◆〈サンドイッチの構造〉をつかむ

ポイント20 ⬇ p.39

三つ目の文と第二文との間にも〈同値〉の関係を見出すことができます。ポイント34（p.81）で学んだように、〈同値〉と〈対立〉の関係で説明された内容は大切です。

「自分の自然」を「保って」「行きたい」という言葉が繰り返され強調されています。もちろんこの言葉は、「無理と努力、勉強をできるだけしない」（30・31行目）という言葉を裏返して打ち出された筆者の主張を示す言葉でした。

しかもこの内容は、「非西欧」の人間である筆者が〈これまで〉「西欧」の「美に近づいて行く」「道」において「無理」「努力」「勉強」をしてきたという内容（B）と対立する主張です。そこで、この主張をCとしておきます。

さらに次の文では、「ヨーロッパの正統だけが、ヨーロッパを視るについての正統である筈がないからである」と述べています。「ヨーロッパの正統」とは、問題文の冒頭文にもあった内容（A）を示す表現です。「～について」という言葉のカタチで提示されている〈話題〉である「ヨーロッパを視るについて」が、より具体的には「ヨーロッパ」の「美術」を「視るについて」であることは、「美術についての私的な感想を書いて行くについて」という表現からわかります。

「ヨーロッパの正統だけが、ヨーロッパ（の美術）を視るについての正統である筈がない」というのですから、「ヨーロッパの正統」とは異なる「自分」の「正統」もあると考えているわけです。また、文末に「～からである」という理由説明を示すカタチがあるわけですから、その前文にあった主張（C）こそが、「ヨーロッパの正統」とは異なる筆者の考える「正統」ということになります。

最終文は、具体例を含んでいます。「むかし…と言ったという」（34・35行目）を（　）に入れます。ここでもまた、ポイント20（p.39）で学習した〈サンドイッチの構造〉を思い出してください。「歌舞伎の羽左衛門」という日本＝「非西欧」の伝統を体現する人物、いわば「非西欧」の「正統」の体現者である人物を具体例として、自分の決意を表明したわけです。

ポイント32（p.77）で学習したように、具体例・引用で繰り返される内容は大切です。ここまでの論理を整理すると以下のようになります。

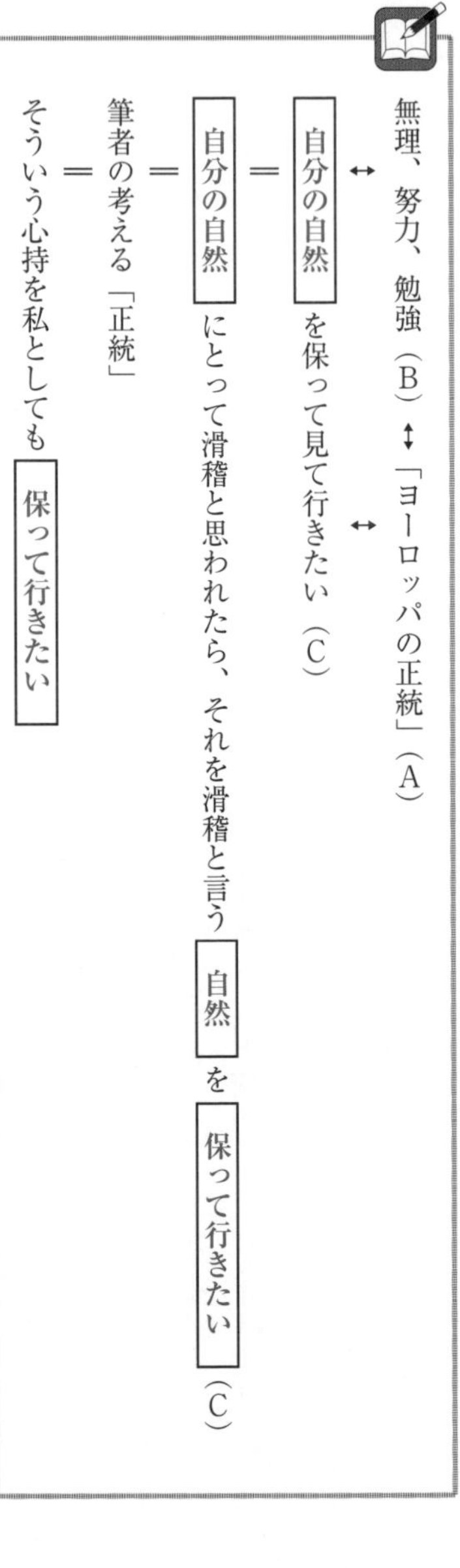


## ◆ 主題＝テーマ〈何について〉の把握

ポイント10 ➡ p.24

ここでも、【1】で学習したポイント10（p.24）を思い出してください。要約作りは、まず〈主題＝テーマ〉の把握が重要です。この文章では「〜について」という〈話題〉を示す表現が三回も出てきました。順に取り上げていくと、

「ヨーロッパの美に近づいて行くについて」（1行目）
「ここで…美術についての私的な感想を書いて行くについて」（28・29行目）
「ヨーロッパを視るについて」（33・34行目）

もちろんこれらが、問題文全体の〈話題〉である〈主題＝テーマ〉をとらえる際のヒントとなるわけですが、今回の場合はリード文に「ある本の『序』である」ということが明記されていました。したがって、「本」が〈テーマ〉に関わることを明記する必要もあります。

また、「ヨーロッパ」という言葉は「西欧」とも言い直されていて、「西欧」の方がより限定的で具体的であり〈〈東欧〉〈中欧〉などを除いた詳しい表現であり）字数も少ないため、「西欧」という言葉を使ってまとめます。

「美」と「美術」という言葉においても同じことが言えます。「美術」の方が「美」よりも限定的で具体的である（〈音楽〉〈文学〉などの「美」を除いた詳しい表現である）ため、「美術」という言葉を使います。「西欧」と「美術」は合わせて〈西欧美術〉と書けば字数を抑えることができます。

①（主題＝テーマ）西欧美術の本を書くについて

## ◆ 構造的思考力で結論を把握　ポイント45

ここでも〈意味段落〉に分けて読んでいたことがとても役に立ちます。第三意味段落の冒頭に「だから」という〈接続語〉があって、この後に第二意味段落を受けた結果が書かれているとわかるからです。

まず、筆者は第一意味段落で自分が「ヨーロッパの正統とされるもの（A）に比べてはいかにも異端的な道（B）」（1・2行目）をたどり「無理と努力（勉強）」（10行目）をしてきたと述べています。

第二意味段落では、「そういう彼女ら」＝〈「非西欧」の「美」に近づく「無理と努力（勉強）」をしない「西欧」の人たち〉と出会うことによって、「東方（＝「非西欧」）」と「西方（＝「西欧」）」の両方の「美」に触れてきた「自分というものの姿が、彼女らとの会話の間に現前して来ていた」（26・27行目）と述べていました。

「だから」第三意味段落では、その結果として「ここで…美術についての私的な感想を書いて行くについて」は「無理と努力、勉強をできるだけしない」（30・31行目）と述べ、それをさらに〈裏返しの同値〉を用いて「自分の自然を保って見て行きたいと思う」（31行目）と宣言し、そこに「ヨーロッパの正統」（33行目）と異なる「自分」の「正統」があると結論付けていました。

ポイント7（p.21）で学んだように、問題文の〈末尾〉から〈冒頭〉に戻って考えると、うまく全体を把握することができます。

今出てきた「自分の自然」とは、いったい何のことでしょうか。問題文の末尾の文には具体例として、日本の伝統を体現する「歌舞伎の羽左衛門」（34行目）という日本人が登場し、冒頭の第二文には「日本人としての生活感情を…もったままで近づいて行って…自然にわれわれのなかへ入って来てくれるというものではない」（3〜5行目）とありました。この〈末尾〉と〈冒頭〉との対応から、「自分の自然」＝「日本人」としての「自然」と考えられます。

このように意味段落を用いて〈構造的思考力〉を用いることで、問題文全体の〈結論〉をとらえることができます。

②〈結論〉「日本人」としての「自然」を保つことが自分の「正統」だと考えたいと思った

〈意味段落〉を利用しながら
〈末尾〉から〈冒頭〉を振り返る〈構造的思考力〉により
全体の〈結論〉をしっかりと把握する

## ◆ 記号を用いて全体を把握　ポイント46

第三意味段落の冒頭に「だから」とあって、その後に〈結論〉が書かれていたわけですから、それまでの第一・第二意味段落に〈根拠〉があると考えることができます。

またこの問題以前でも利用してきましたが、記号を用いて読んでいると問題文全体を把握するのに便利です。限られた試験時間の中で、問題文の全体を見渡すことが簡単ではないからこそ、まとまりのある内容や主張に、それぞれA、B、C…などの記号を付けて読んでおくことも大切です。〈構造的思考力〉を用いやすくなると言っていいでしょう。

また記号化することは〈客観的思考力〉にも役立ちます（自分と周囲の人間、自国と周囲の国なども、それぞれA、B、C…などと記号化してみると、主観に陥らず客観的に考えやすくなるでしょう）。

**大きな内容のまとまりや主張に**
**記号を付けながら読むことで**
**問題文全体が把握しやすくなる**

構造

この問題では、第三意味段落にあった〈結論〉をCとしていましたが、それは第一意味段落に出てきた「無理と努力」をすること（B）、「ヨーロッパの正統」（A）と対立する主張でした。そしてこれまでの自分（＝Bを行いAを正しいとする自分）を変えるきっかけとなったのが、第二意味段落に登場する〈「非西欧」の「美」に近づく「無理と努力（勉強）」をしない「西欧」の人たち〉との出会いでした。このAとBとの対立を用いて〈根拠〉をまとめることができます。ここでも「ヨーロッパ」は、より限定的で具体的な「西欧」という表現に置き換えて使います。

③（根拠）「西欧」の「美」に接するときには「西欧」の伝統（美・文化）を「正統」とし「無理と努力（勉強）」をして来たが、「非西欧」の「美」を否定する西欧人と出会い

## ◆ 時間の順序に沿って要約　ポイント47

①（主題＝テーマ）→②（結論）→③（根拠）の思考手順で得た内容を合わせて、要約を作ります。

ただし、今回の場合は時間の〈順序〉を考慮する必要があります。ここでも、ポイント21（p.46）で学習したように、論理の〈順序〉を考えることが大切です。

**時間の〈順序〉をもつ文章は**
**その時間の経過の〈順序〉に沿って**
**要約をまとめていく**

構造

西欧の美に接するときには、「ヨーロッパの正統」（A）を唯一の「［正統］」として「［無理と努力（勉強）］」（B）をしてきた筆者が、〈「［無理と努力（勉強）］」をしないで［非西欧］の美を否定する「［西欧］」の人たち〉と出会って、「ここで」「本」を書くにあたって自分も、無理と努力をしないこと（C）、つまり「［日本人］」としての「［自然］」を保つことが自分の「［正統］」だと決意したという時間の〈順序〉を守ってまとめていきます。

したがって、時間的な〈順序〉において先にあった筆者の思いであるA・B内容を先に書き、次に変化のきっかけとなった出会いを述べ、最後にテーマや主張（C内容）をもってきます。

〈要約例〉

［西欧］の［美］に接するときには、［西欧］の伝統（美・文化）を［正統］とし［無理と努力（勉強）］をして来たが、［非西欧］の［美］を否定する［西欧人］と出会い、西欧美術の［本］を書くについて、［日本人］としての［自然］を保つことが自分の［正統］だと考えたいと思った。

これで僕が現時点で考える解答力に必要なポイントをすべて学んだことになります。何度も振り返って、なぜこのポイントが大切だったかを考えるようにしてください。ポイントはそのまま覚えるためのものではなく、どのようにして問題文の内容が読解できて、要約が書けるようになったかを理解するためのものです。次回のテストや今後の生活の問題にも生かし、三つの思考力を高めていくことは、僕らがこれから生きて行くうえでも大切だと思います。

ぜひ自分の素敵な未来を引き寄せる力にしてください♪

# Final Lesson

これまで学んできた「客観的思考」→「論理的思考」→「構造的思考」を順に用いて、自分の身近な問題、興味のある話題について考えてみてください。必ずしも書く必要はありません。ただ日常の生活でも生かしてほしい、その橋渡しやきっかけにしてもらえればいいなという思いで、問いかけています。

ぜひ気が向いたときに、三つの思考法を利用していろいろな事を考えてほしいと思います。

# 索引

語句 現代文キーワード 人物 確認問題 で取り上げた語句を掲載しています。
**現代文キーワード** は太字で示しました。

現代文解答力の開発講座

著　者　霜　栄
発行者　山﨑良子
印刷・製本　株式会社 日本制作センター

発行所　駿台文庫株式会社
〒101－0062　東京都千代田区神田駿河台1－7－4
小畑ビル内
TEL. 編集 03(5259)3302
販売 03(5259)3301
《② - 236pp.》



ISBN978－4－7961－1459－2　Printed in Japan

駿台文庫 WEB サイト
https://www.sundaibunko.jp

# 現代文解答力の開発講座

霜（しも）栄（さかえ） 著

▷解説・解答

駿台文庫

# 目次

# Lesson【1】空欄補充の解答力

加藤周一「近代日本の文明史的位置」

## step 1 接続語を入れる《まずきちんと接続語をとらえることが読解・解答法の第一歩。》

### ◆選択肢に共通の特徴をつかむ

設問で問われるのは問題文の読解です。読めていないのに解けてしまうというような解答法はありません。よって問題文の空欄箇所を見る前に選択肢の内容を先に把握する必要はありませんが、選択肢にどんなものが並んでいるか〈長い文か短い文か、語句か単語か、漢字かひらがなか、などの形式〉はチェックしておく方がいいでしょう。これもカタチから入る〈客観的思考力〉です。

まずは、**問一**。選択肢をさらっと見渡しておきましょう。

**問一**　ア　ところで　イ　たとえば　ウ　すなわち　エ　したがって　オ　しかし　カ　しからば

### ◆ひらがなは先にチェック

選択肢がすべてひらがなです。選択肢の語句がひらがなか漢字かは大きな問題です。ひらがなの場合はたいてい接続語ですから、その場合だけは例外的に先に選択肢を確認しておきましょう。**接続語は、どんな文章の中でも一定の決まった働きをするからです。選択肢を先に見て、その語句が示す関係だけに絞って解答すればよいのです。**

今回は選択肢に「たとえば」と「すなわち」があります。したがって、空欄前後の内容が単にイコール（＝同値）で結べると気づくだけでは解答することができません。しかしもし、選択肢にどちらか一方しかなかったなら、それだけで解答を決めることができます。

---

語句・文・段落のきまった関係を示す接続語の役割を先につかむ。

**◆接続語の役割をとらえる**

アの**「ところで」は話題転換。〈A／B〉**というように、前後の内容が切れます。「さて」が同じ仲間です。

イの**「たとえば」は例示。〈A＝A′（例）〉**というように、後に**具体例**が来る〈同値〉の関係を示します。

ウの**「すなわち」は言い換え。〈A＝A〉または〈A′（例）＝A〉**といったイコール関係で、〈前のAより後のAを強調する〉という特徴があります。（「つまり」「要するに」も〈A＝A〉または〈A′＝A〉ですが、これらには〈Aに要約する〉という特徴があって、微妙に異なります。）

同じイコールでも「たとえば」と「すなわち」は大きく異なることに注意してください。「文房具**たとえば**鉛筆、ノート」〈A＝A′〉という言い方をするのに対して、「書くのに必要な道具**すなわち**文房具」〈A＝A〉あるいは「鉛筆、ノート**すなわち**文房具」〈A′＝A〉となります。

エの**「したがって」は因果関係。〈A→B〉**という感じで、原因と結果のつながり。「だから」が同じ仲間です。

オの**「しかし」は逆接。**「だが」「ところが」が同じ仲間です。**〈A↔B〉**というように、前後の内容が対立します。

カの**「しからば」は「然り（そうである）＋ば（条件）」**つまり「それなら（ば）」と同じで、**〈$A_1$→$A_2$〉**というように〈条件→帰結〉のつながりを示します。

**◆論理的に文章を読む**

**空欄補充の設問で重要なことは、空欄前後の関係をきちんと論理でとらえることです。では〈論理〉とは何でしょうか。簡単にいうと、〈同値（＝）〉と〈対立（↔）〉によって説明される関係のことでした。**

したがってまず空欄前後を見比べ、〈同値〉と〈対立〉をチェックしていきます。たとえば「鉛筆」「消しゴム」という二つの言葉が前後にあったとしましょう。場合によってはどちらも事物だとか、どちらも文房具だとか、どちらも「私」の所有物だといった〈同値〉の関係が存在するでしょう。また別の場合には、文字を書くためのものに対して文字を消すためのもの、細長いものに対して丸いもの、といった〈対立〉の関係が見出されるかもしれません。

しかも場合によっては、どちらも文房具であるという〈同値〉の関係を前提に硬いものと軟らかいものといった〈対立〉の関係が話題になっているかもしれないし、さらには硬いものと軟らかいものという〈対立〉の関係を前提にどちらも物質

---

空欄補充では自分の論理的思考力をチェックすることができる。

具体例というのは単なる具体的なものではなく、他のものに置き換えられるものだけを指す。

の硬さ〈軟らかさ〉に注目しているという〈同値〉の関係が話題になっているかもしれません。

問題文を読むときには〈客観〉に基づく〈論理〉を優先させる必要があります。それに比べて、ふだん新聞や雑誌や本を読むときには、〈客観〉〈論理〉よりも自分に興味のある情報を収集するとか、自分が思いつかなかった発想や表現に出会って喜ぶといった〈主観〉の比重が増します。

## ◆空欄の前後を確認する

まずはやってはいけない方法の説明をします。

**それは選択肢を順番に空欄に放り込んで読み、いちばん自然なものを選ぶ、前後の言葉から連想して勢いや感覚で決めるという方法です。** このようなことをいくら繰り返しても、できるようにはなりません。

まず［A］から始めます（でもテストでは、易しい設問から先に解きたいところ。実は［A］が難しい問題だと気づいたら、後回しにした方が得策だったでしょう）。

**1段落（冒頭）**

明治維新以前徳川封建制が、次の時代の「近代化」のために必要な要因を、あらかじめ準備していたということに議論の余地はない。歴史家の間で議論されてきたのは、どの程度にかということである。明治維新後には西洋の技術・制度の移植がはじまった。その移植を成功させた人々は、和魂洋才に徹してきたのであろうか。概してそうだったといえるかもしれない。［A］その場合の「和魂」は、むろんあらかじめ成長していた「近代的市民精神」ではなかったろう。近代的市民精神は西洋思想を媒介とせず、徳川封建制の崩壊過程そのもののなかから芽生えて来たという議論には、無理があると思う。

［A］の前後で分けて、それぞれの内容をまとめてみると、〈対立〉の関係が見つかりますね。

（〰〰部分は〈同値〉ですが、末尾の——部分の文末が〈対立〉だからです。）

出題者は、前後の言葉から自然に入りそうだけど、話題や論理に合わないものを選択肢に並べてひっかける。

**1段落**

「徳川封建制」（＝「和魂」）が「次の時代の『近代化』のために必要な要因を、あらかじめ準備していた」（＝「和魂洋才に徹してきたのであろうか。概してそうだった」）と「いえるかもしれない」（＝「ということに議論の余地はない」）

↔ A

「『和魂』は…あらかじめ成長していた『近代的市民精神』ではなかった」＝「近代的市民精神は西洋思想を媒介とせず、徳川封建制の崩壊過程そのもののなかから芽生えて来たという議論には、無理がある」

となります。よって A の解答は「オ しかし」。

しかしこれはなかなか難しく、〈対立〉が見つけられないと、「ア ところで」あたりを代入して読み、何となくつながるなどと思いがちです。直感や勢いに頼らないでください。間違った人は、A を後回しにして解くべきだったでしょう。さっと解けないときには、他の設問を先に解いて選択肢を絞ることも大切です。

**◆カタチから入る**

**ではこのように、前後の対立内容を見つけるコツは何でしょうか。**

**それは形式（カタチ）に気を配る〈客観的思考力〉です。**「議論の余地はない（＝当然そうだと言える）」と「議論には、無理がある（＝当然そうだとは言えない）」の表現です。ここから対立する内容があるはずだと推理できるでしょう。

つまり**形式と内容**を結びつけて考える。これが〈客観的思考力〉です。

〈論理的思考力〉は常に〈客観的思考力〉に基づいています。

**現代文の基礎力とは、表現のカタチを意識して意味を見比べ、それによって文章の内容を理解する能力と言えそうです。**

**◆同値にもいろいろある**

E に行きましょう。その前後をよく見比べてみます。

---

まず、空欄前後に〈同値〉と〈対立〉があるかをチェックしてみる。

**2段落**

しかし一般に日本側というものはない。［E］農民があり、都市の商工業者がある。総じて小作制度が変らず、物納地代が変らなかったということだけを考慮しても、少くとも農村と都会とを区別しなければなるまい。

今度は〈同値〉の関係が見つけられます。空欄の前後に分けてチェックしてみると、

**2段落**

「一般に日本側というものはない」
＝［E］
「農民があり、都市の商工業者がある」

となります。この〈同値〉は、否定形（「ない」）を肯定形（「ある」）で言い換える〈裏返しの同値〉でした。

ところがこれだけでは解答を決めることはできません。

イコール〈同値〉を表す選択肢が二つあったからです。「たとえば」でも「すなわち」でも、〈同値〉が成立してしまいます。「たとえば」（A＝A´）が入ると考えたとすれば、それは「日本側」「一般」（A）の例として「農民」「都市の商工業者」など（A´）が挙げられていると理解したことを意味しますし、また「すなわち」（A＝A）が入ると考えたとすれば、それは「日本側」「一般」（A）が「農民」と「都市の商工業者」の二つ（A）だけで構成されると理解したことを意味します。

〈同値〉にもいろいろあるわけです。

**◆迷ったら視野を広げる**

**二つの選択肢のどちらがいいかがすぐには決められません。さて、こんなときはどうすべきか。直感や連想に頼らず、視野を広げてみることです。**

これとは反対に、両方の選択肢を空欄に入れて何度も読み直すというのが**マズイ方法**です。そのようなことを繰り返

しても、視野が狭くなって〈客観的思考力〉が失われ、自分の主観の肯定に走るだけです。私たちが五歳のときよりも、少なくとも理解力が増していると言える理由は、より広い視野でものをとらえることができるようになったからでしょう。

（たとえば、近所の雑貨屋さんが消えたわけを、近くに大きなスーパーができたからと理解し、さらには大きな土地が売りに出されたから、さらには土地を所有していた企業の業績が悪くなったから、さらにはアメリカが不況だからなどと、どんどん視野を広げていくのは、理解力を上げるひとつの方法といえます。）

視野を広げるために、さっき取り上げた文の**後をもう少し追いかけましょう**。

すると「少くとも農村と都会とを区別しなければなるまい」とあり、この「少くとも」という表現から、筆者は「農民」と「都市の商工業者」だけが「日本側」「一般」を構成していると述べているのではなく、この二つが「**少くとも**」その具体例であると述べていることが読解できます。ですから［E］**の解答は「イ たとえば」**。

考えてみれば、「農村」にも「商工業者」や役人はいるし、「都市」にも「農民」や役人もいるわけです。

### ◆見つけにくい対立もある

では次に［G］。これも少し難しい設問です。類義語を使わず、前の部分と表現を変えて〈同値〉〈対立〉の内容を説明しているからです。空欄の前後をよくチェックしてみましょう。

**3段落**

その変化の方向は、第一に資本主義的生産と技術の発展へ向うものであり、それに伴って、第二にある程度までの民主主義、また第三に個人主義的人間観の成立へ向うものであった。それを近代化という言葉で総括するとすれば、近代化の過程であったといえよう。［G］周知のようにその近代化は上から行われた。天皇制を支柱として一種の植民地帝国主義をつくりあげるために、明白な意図をもって［H］的につくりあげられたのである。

［G］の前後で分けて、1・2段落の内容もふまえると、

空欄を含む一文の直後にある「総じて（＝全体から言うと）」という言葉からも、［E］を含む文の内容が部分的なものであるとわかる。

**3段落**

「民主主義、また…個人主義的人間観の成立へ向うもの」＝「近代化の過程であった」

↔ G

「その近代化は上から行われた」「天皇制を支柱として」

という対立関係が見つかります。

「Aである」「Aでない」というように、同じような言葉を用いて説明していないのでわかりにくいかもしれませんが、「上から」や「天皇制を支柱」とすることが、「民主主義」や「個人主義的人間観」の「成立へ向うもの」と〈対立〉する内容と読めるからです。これで G **の解答は「オ　しかし」**。

## ◆設問の条件を点検する

前もってちゃんと設問文をチェックしていたでしょうか。 A と G は同じ解答になりましたが、問一の設問文には「同じ言葉を二回使ってもよい」とあります。このような条件があるときは、同じ選択肢を「二回」使うものだと考えてください。逆に、もしもこの条件がなかったら、同じ解答になる空欄はないと思ってください。

問一で最も難しかったのは A です。実戦的には E ・ G を先に解くべきです。 E ・ G の解答を E ＝イ、 G ＝オと正しく出すことができたら、この設問の条件から A に入るのはイかオのどちらかだと考えればいいので、とても解き易くなります。まずは**易しい空欄から先に解答してそれをヒントにすることも大切です。**

他にも見逃しやすい**設問の条件**を挙げておくので注意しましょう。

**設問の条件**

「適当（適切）でないものを選べ」「異なるものを選べ」
「二つ選べ」「一つとは限らない」「いくつか選べ」
「ひらがなで書け」「漢字で書け」「カタカナで書け」
「単語で答えよ」「文節で答えよ」「一文で答えよ」

不注意な人は設問文のどこかに必ずマークを入れる。そう決めておくのも悪くない。

出題者は設問文で余計なことは書かない。

step 2

## 抽象語を入れる 《抽象語を入れるタイプの設問は頻出。とにかく問題文の読解が最優先。》

◆**選択肢は後回しにする**

では、**問二**。

今度は問一と違って、選択肢は漢字ばかり。ですから選択肢を先にチェックしません。つまり接続語のように〈ひらがな〉で表記される言葉と違って、いつも同じ働きをしているとは限らないので、先にチェックしても時間のロスになるからです（例外は、選択肢が空欄より数が少なくて、二つや三つなどと超限定のとき。このときはヒントになります）。

たとえば「イ 思想」などという言葉も、筆者によってかなり使い方が異なるでしょう。いい意味にも悪い意味にもなるので、先に見ておいてもあまり参考になりません。むしろ答えにならないものを先に見てしまうと、**先入観**が生まれるので、よくないと思います。

それよりも、**先に空欄を含む部分が何を言っているのかを理解しましょう。その後で空欄に入るはずの内容と一致する選択肢を選びましょう。**

だから選択肢は後回しにします。そしてこれが、〈論理〉を問う現代文では通常の解き方だと思ってください。

また、ここでは**設問の条件**として、「同じ言葉を二回使ってはいけない」とありますので、解く順序が大切です。先に易しい空欄を埋めて、残った選択肢だけで難しい空欄を埋めていきます。

◆**話題が何かを考える**

ではまず、［B］を含む文を読んでみます（テストでは［B］は難しいので、後回しにして最後に解いた方がよいかもしれませんが）。とりあえず、この文が何について説明しているのかをつかみます。

そのことによって［B］と〈同値（＝）〉〈対立（↕）〉の関係にある箇所がどこなのかを知るためです。

**理解というのは、何についての理解かという〈話題〉の把握から始めなければなりません。それがあってから、〈同値〉〈対立〉による〈論理的思考力〉がスタートします。**

---

頭の中ではっきりさせておくべきことは、自分が今〈何について〉思考し、〈何について〉読解しているのかということ。

易しい設問で間違うのは、きっと自分の先入観にだまされるから。

［B］を含む部分の主語は「近代的市民精神」。ふつう主語がその文の〈話題〉となります。ここでもその法則は生きています。したがって日本の「近代的市民精神」を説明しているところに［B］と〈同値〉の内容が書かれているはず。これはすでに問一で解いた［A］の直後にありました。

**1段落**

その場合の「和魂」は、むろんあらかじめ成長していた「近代的市民精神」ではなかったろう。近代的市民精神は西洋思想を媒介とせず、徳川封建制の崩壊過程そのもののなかから芽生えて来たという議論には、無理があると思う。

**◆同値関係から解答を絞る**

この箇所を読むと、［B］の箇所と〈同値〉の内容を説明しているのがわかります。分けてまとめてみると、

**1段落**

「『和魂』は、むろんあらかじめ成長していた（＝日本の）『近代的市民精神』ではなかった」＝「近代的市民精神は西洋思想を媒介とせず、徳川封建制の崩壊過程（＝日本）そのもののなかから芽生えて来たという議論には、無理がある」

＝

「近代的市民精神が全く［B］的に西洋と並行して…発展してきたという想像は、それだけでも、説得的でない」

ここからさらに、**空欄箇所に絞って**〈同値〉の関係を見ると、

**1段落**

［B］的に西洋と並行して…発展してきた

＝

西洋思想を媒介とせず、徳川封建制の崩壊過程（＝日本）そのもののなかから芽生えて来た

前後から空欄に入るべき内容は何かと段階的に絞って考えていく。

したがって［B］には、「（日本）そのもののなかから芽生えて来た」といった内容が入ると推理できます。

ここで選択肢を見て、**［B］の解答は「ケ 自発」**（＝自分から進んで）と決まります。

なかには「オ 独立」「カ 典型」などとした人がいるかもしれません。たとえ空欄に入れて自然に読めても、設問文にある「最も適当か」に対応できていないので、間違いとされてしまいます。入試では〈同値〉と〈対立〉から導き出される最も論理的な解答だけが「最も適当」とされます。難しいところです。また、カ「［典型］的に」（＝特徴を最も表して）も同じ理由で間違いですが、これを選んだ人は語彙力不足なのかもしれません。オ「［独立］的に」では、「そのもののなかから芽生えてきた」という意味が出ません。

設問文に「同じ言葉を二回使ってはいけない」とあるので、［B］を後回しにして、解答し易い［D］を先に解いて、オが消去できていれば楽ですね。

また、同じ空欄補充でも、問一のような「ひらがな」を入れる設問とは、ずいぶん解答法の手順が異なることも確認しておいてください（問一では先に選択肢をチェックしましたね）。

## ◆句読点で句切って読む

次は［C］、［D］。実は、二つとも同じように「、」（テン・読点）がポイントとなります。

まずは［C］から。

**1段落**

> つまり精神の構造は、非近代的なままで西洋化しなかったか、西洋思想を通って近代化の方向へ進んだかである。別な言葉でいえば、近代的市民精神は［C］化の結果として現れたか、現れなかったかであり、実際にはそれが複雑に混りあった形で、

空欄の少し後の「現れたか」という言葉の後にテンがあります。これもまた〈客観的思考力〉です。筆者はここで区切って意味をとらえてくれと言っているのです。

「同じ言葉を二回使ってはいけない」などとあれば、解き易いものから先に解いておく。

**1段落**

西洋思想を通って近代化の方向へ進んだか
＝（別な言葉でいえば）
近代的市民精神は［C］化の結果として現れたか

という〈同値〉の関係に絞りこめればいいでしょう。

ここでちょっと注意。**こんなふうに、入試問題には空欄の前後にある言葉がそのまま解答になる場合と、もちろんそうならない場合とがあります。**［C］**の解答は「ウ　西洋」**となります。ですから、ここで「**やさしいから答えじゃない**」などと余計なことを考えたりしないようにしてください。正しい解答法とはまったく無関係なことなので、そういうことは気にしない方がいいです（出題者は難しいから設問にするわけではなく、重要だからきいているのです）。

つぎに［D］。これもまったく同じやり方です。

**1段落**

日本の資本主義を一九四五年まで発展させてきたのである。そこまでの歴史を西洋化の過程でないという見方、封建制の存在を主として西洋諸国に似た条件を備えていた日本が、［D］に西洋諸国の近代に似た発展を遂げたとみる見方は、どうしても無理である。

空欄前後の「見方（は）」という言葉の後にテンが来ています。ここに注目すると、

**1段落**

そこまでの歴史を西洋化の過程でないという見方
＝
［D］に西洋諸国の近代に**似た**発展を遂げたとみる見方

とわかれば、［D］には「西洋化の過程でない」＝〈他に頼らず〉といった内容の言葉が入ります。

「似た」ということは、別のものということだから「西洋化」ではなく、独立にということになる。

そこで［D］**の解答は〈他に頼らず〉＝「オ 独立」**。「キ 突発」「ケ 自発」とした人もいるかもしれませんが、どちらも「…的に」と使います。例文などの用法を踏まえた語彙力もしっかりと身に付けてください。

先ほど［B］は後回しにした方がいいと言いましたが、［D］でオを解答としてから［B］に戻ると、解き易くなったと思います。**易しい設問から先に解いて難問のヒントとすることが大切です。**

**◆前後の接続語を利用する**

今度は［F］と［H］。**ステップ1で学習した接続語がここでも役に立ちます。**

まず［F］から。

> **2段落**
>
> 家族制度は変らなかった。家族制度に伴う［F］も変らなかった。普通教育と徴兵制度が農民の意識に大きな影響を及ぼしたであろうことは想像にあまりがあるが、**要するに**「近代市民精神」といわれるものからその意識がどれほど遠く隔っていたろうかということも、想像にあまりがあるだろう。

「要するに」という接続語に注目してください。

これはA′＝AあるいはA＝Aという〈要約〉の役割を果たす言葉ですから、そこですぐに**「要するに」の前後がイコール〈同値〉で結べるとわかります。**

> **2段落**
>
> ［F］も変らなかった
>
> ＝**（要するに）**
>
> …からその意識がどれほど遠く隔っていたろうか（いや隔っていない）

したがって、［F］**の解答は「ク 意識」**。ここでも前後の言葉からの勢いや直感で空欄に選択肢を代入して読んでいると「ア 慣習」や「サ 階級」などを選んでしまうので注意してください。直感と勢いではなく、〈同値〉という論理をとらえることが大切です。

さて次は H 。 G の解答はすでに問一で「しかし」と出ています。 G のところに**解答を入れて考えてみます**。

**3段落**

第二にある程度までの民主主義、また第三に個人主義的人間観の成立へ向うものであった。それを近代化という言葉で総括するとすれば、近代化の過程であったといえよう。**しかし**周知のようにその近代化は上から行われた。天皇制を支柱として一種の植民地帝国主義をつくりあげるために、明白な意図をもって H 的につくりあげられたのである。一種の植民地帝国主義が、日本的なものであることはいうまでもない。

「しかし」は〈対立〉の関係を示す接続語ですから、前後が〈対立(↕)〉します。

ここで二組の〈対立〉を見つけることができるでしょう。

**「第二」「第三」といった序数(数詞)もヒント。二つのものが並んでいるのがわかりますね。**

**3段落**

第二…民主主義 ↔ 第三…個人主義的人間観の成立へ向う

↔ …(しかし)… ↔

上から行われた H 的につくりあげられた

という組み合わせです。というわけで、「 H 的」には「個人主義的」と〈対立〉する内容が入ります。

そこで H **の解答は「エ 組織」**と推理できます。ここでも勢いで「オ 独立」「ク 意識」「サ 階級」などと答えないように注意してください。ここでは〈対立〉をとらえることが大切でした。

**こうした接続語などの前後の文をつなぐ語句を使って解答を推理させる設問は、とくに頻出。**

先ほど解答を出した C も、直前の「(同じことを)別な言葉でいえば」という〈同値(=)〉を示す表現から、解答を推理できたわけです。

すでに出ている解答もヒントにする。また逆にヒントにしようとして間違いに気づけることもある。

序数のような数詞のあるところは、筆者が意識的に数えあげている内容だから、注意が必要。

◆**問題文の全体から空欄へ**

さて、最後の設問では、空欄が問題文の末尾にあります。

出題者の**キキタイコト**はなんでしょうか。

少し想像してみてください。

人の話を聞いていて、最後の言葉についてどうしても聞きたいと思うのはどういうときだろうと。もちろんいろいろな場合がありますが、**もしも最後に言っていたことがその人の話の全体にかかわっていたとしたら、それが本当に理解できているかどうかを確かめたくなるでしょう**。出題者も、おそらくそんなふうに考えたのです。

では、具体的にはどうすればよいでしょうか。

問題文の末尾。それは問題文という長い迷路の出口のようなところです。そこで、出口である問題文の末尾から問題文の冒頭という入口を振り返り、自分がどんなふうに迷路をたどってきたかという全体を把握します。

**問題文の末尾と問題文の冒頭をそんなふうに向かい合わせに立たせてみましょう。そこに生まれる〈同値〉〈対立〉などの対応関係こそが、私たちに問題文の全体を推理させてくれるはずです。**

今の場合、以下の〈同値〉の関係がつかめます。互いの各要素を対応させて考えてみましょう。そうすれば解答が浮かび上がるでしょう。

> （問題文の最後）西洋植民地帝国を手本としながら、しかも日本に固有の独特の形が生れた＝一種の　Ｉ　であった
>
> ＝
>
> （問題文の最初）西洋の技術・制度の移植がはじまった。その移植を成功させた人々は、和魂洋才に徹してきたのであろうか。概してそうだった

**問三の解答は「オ　和魂洋才」**（＝日本固有の精神で西洋の知識を学びとること）。

この設問は問題文全体の結論を答えさせようとしていたわけです。

---

> 出題者が特にキキタイコトは、論理的に問題文を読めているか、問題文全体を構造的に把握できているかということ。

**◆文章のパターン化はできない**

ぜひ、気をつけてほしいことがあります。

問三の設問から、問題文の末尾にはいつも全体にかかわる結論が来るとは決めつけないこと。問題文の末尾が補足説明や付け足しや具体例になっているということもあります。友だちが話の最後に言った「さよなら」が友だちの言いたいことだとは限らないでしょう。

**ただ、問題文の末尾にある設問は、問題文の全体をきいている可能性が高いということは覚えておいてください。**

**要約例**

日本の近代化は西洋の技術・制度の移植（技術・制度の西洋化）に始まり、農村も西洋化されず、都会も日本に固有の植民地帝国主義を築いたのだから、それは西洋思想を媒介とする近代的市民精神によらず、和魂洋才によるものであった。（97（98）字）

**解答**

**問一**　A＝オ　E＝イ　G＝オ　（各4点）

**問二**　B＝ケ　C＝ウ　D＝オ　F＝ク　H＝エ　（各6点）

**問三**　オ　（8点）

計50点

【1】が難しすぎたという人も、とりあえず【2】に進んでみてください。【2】で易しくなって、また少しずつ難しくなっていきます。【1】のような空欄補充はどのくらい自分が論理的に思考し読解できているかを知り、その能力をつけるのに適切な設問形式なので、最初にチャレンジしてもらいました。

## 雑音（ノイズ）

「和魂洋才」という言葉は、「和魂漢才」をもじって作られました。日本人は自分たちを「和」と意識し、「漢（＝中国）」や「洋（＝西洋）」の文明を取り入れる形で生きてきたようです。けれど身近な環境が多様化、デジタル化する現代では、自分たち日本人だけを「和（＝調和）」と意識して考えることはできないでしょう。また、これまで日本の学びの中心には常に、漢語や英語という「普遍的な」言語がありましたが、自動翻訳の進歩と普及により、これもやがて変わっていくのかも。自動翻訳に適した「普遍的な」日本語の学習という新しい「言文一致」運動が始まるのでしょうか？

## Lesson【1】まとめ

| 正しい解答法 | 間違った解答法 |
|---|---|
| **形式＝カタチ**によって | **直感や連想**によって |
| ⬇ | ⬇ |
| **〈同値〉〈対立〉**をチェックしていく | **勢い・感覚**で思いついた言葉を代入する |
| ⬇ | ⬇ |
| ○<br>（論理を確認する） | ×<br>（何度も読み直す） |

# Lesson【2】抜き出し・脱文挿入の解答力

加藤周一「狂気のなかの正気または『リヤ王』の事」

## 部分を抜き出す《論理をしっかりつかんで設問の条件に合う形で抜き出す。》

**◆傍線を含む文を必ず読む**

まず、**問一**。やさしい設問だと思って、傍線部の言葉からすぐに解答を探し始めるのはよくありません。何ごとも手順を誤ると、ミスが増えます。**どんな設問の場合でも、必ず最初に傍線を含む一文全体を読むようにしましょう。傍線部の言葉だけを見て解答しようとすると、ヒントを見落とします。**ミスをしやすくなり、成績が安定しなくなります。

文を書いている**筆者の立場**で考えましょう。〈客観的思考力〉とは他者の立場で考えることです。これがいつも読解の基本です。そのためには言葉のカタチに従って読んでいかなければなりません。

**◆まず傍線部を〈同値〉でとらえる**

**現代文は〈客観〉〈論理〉〈構造〉によって読解することで、筆者のメッセージをつかむことを目的とする科目ですから、言葉のカタチをとらえた上で〈同値〉〈対立〉の関係の中に言葉を位置づけて考えていきます。**

傍線部A「そのこと」について。ここでも傍線部を含む一文を読んで考えるのが正しい手順です。

| 2段落 |
|---|
| 「聡明(そうめい)になるまでは老いるべきでなかった」と王に付き添う道化師がいうのは、Aそのことである(第一幕、第五場)。 |

傍線部Aと内容上〈**同値**(=)〉で結べる言葉が見つかったでしょうか。

| 2段落 |
|---|
| 「聡明になるまでは老いるべきでなかった」<br>=<br>そのこと |

傍線を含む一文の全体を解答の出発点とする。

まず指示語と〈同値(=)〉で結べる言葉をとらえてから指示語の〈対象〉を探す。

まず、この関係がつかめればよいでしょう。

いま傍線部Aを含む一文は、〈XとYがいうのはAである〉というカタチをしています。ということは、X(「 」の部分)とA(傍線部)はイコールの関係になります。

ちょうど英語で「I call him Mr.X.」(私は彼をX氏と呼ぶ。)という文があるときに、内容上「彼」=「X氏」と考えるのに似ています(第5文型においてはO=Cが成立するということです)。

**こんなふうにカタチから〈同値〉の関係を探していくのが、正しい手順です。**カタチから入ることに関しては、すでに【1】で学習しましたが、〈客観的思考力〉を用いるためにはいつも大切です。

さてこれで、解答の準備は整いました。今度は、さっきの〈同値〉の関係を利用して、「聡明になるまでは老いるべきでなかった」という「そのこと」が何と〈同値(=)〉かを考えます。

**2段落**

> 老いたリヤ王が三人の娘の上の二人に領国を分かち与え、末の娘との縁を切る。これは上の二人が巧みに諂(へつら)い、末娘が媚(こび)ることをきらったからである。すなわち主人公の愚行から話がはじまる。「聡明(そうめい)になるまでは老いるべきでなかった」と王に付き添う道化師がいうのは、そのことである(第一幕、第五場)。

すると、傍線部A=「主人公の愚行」とわかり、さらに直前の「すなわち」(〈同値(=)〉を示す接続語)が一文を飛び越えてその前の「老いたリヤ王が」で始まる文の内容との〈同値〉を示しているとわかります。

「すなわち主」と答えた人は、設問文の条件を見過ごしています。設問文を読むときに少なくとも一箇所はマークを付けてみてください。設問文に「内容を示す一文」とありました。「すなわち主」の一文では「愚行から話が始まる」としか書かれていないので、「主人公」=「リヤ王」がどんな「愚行」を行ったのかの「内容」がわかりません。よってここは解答になりません。

**問一の解答は「老いたリヤ」。**

また、「これは上の」と答えてしまった人は、「そのこと」が生じた原因を解答しています。〈原因/同内容/結果〉をしっかりと区別する習慣をつけましょう。

いきなりひらめいた解答を書かないで、先に〈論理〉を見きわめる。

設問文の条件には必ずマークを付ける。

### ◆まず傍線部を〈対立〉でとらえる

では、次の**問二**も同じ方針でいきます。いきなり傍線部の解答を探したりしないでください。まず傍線を含む一文を見てみましょう。

**4段落**

すなわち芝居のリヤ王は、まず行動の人としてあらわれ、B次に激情の人としてあらわれる。

**この一文の中に傍線部との〈同値〉関係は見つかりませんが、今度は一種の〈対立〉関係があります。**

**4段落**

**まず**行動の人としてあらわれ
↔
**次に**激情の人としてあらわれる

一種の〈対立〉関係という言い方をしたのは、「**まず**」「**次に**」というところから〈変化〉だと考えた人もいると思ったからです。でも実は〈変化〉とは〈対立〉の一種ですから、どちらでも同じこと。ここは〈変化〉を示す〈対立〉の関係です（本書での〈対立〉は反対のことではなく、違い・対比を意味していますので、注意してください）。

**もともと〈変化〉とは〈対立〉する状況に〈順序〉を与えたものにすぎません。**

前の状況と後の状況を〈対立〉させて考えられるときにだけ〈変化〉を認識できるのです。（たとえば、さっき立っていた人が今は座っているのを〈変化〉と認識できるのは、〈立っている〉と〈座っている〉という異なる状況への〈対立〉の把握があるからです。さらに言えば、〈さっき〉〈今は〉といった時間の認識さえも、その〈対立〉の把握からきています。どんな〈対立〉も考えられないときには時間の経過を認識することもできません。）

では、問二。この変化を示す〈対立〉をとらえていれば、ここでは問題文全体のなかで**傍線部を位置づける**ことができたでしょう。

---

〈同値〉よりも〈対立〉を見つけるのが苦手な人が多いので注意。

傍線部の言葉の意味だけでなく、傍線部全体が本文のなかで何を言おうとしている部分かと考えよう。

◆**広い視野から傍線部をとらえる**

まず1段落から見ていきましょう。末尾の文（3行目）に注目。

> **1段落**
>
> 『リヤ王』は、一六世紀末一七世紀初めのイギリスの役者シェークスピア（一五六四―一六一六年）の作った名高い芝居の一つである。その話のすじは、複雑であるから、その主題（あるいは「メッセージ」）も、さまざまに解釈することができる。**可能な解釈のなかの一つは、この芝居をリヤ王の変身の物語とする見方である。**

これはこの問題文全体のテーマが何かを宣言しています。

この後の展開を追うと、2段落は「主人公の愚行から話がはじまる」（5行目）とあり、1段落のこの宣言を受けて「リヤ王の変身の物語」の〈はじまり〉について説明しているのだとわかります。

さらに3段落の冒頭は「しかるに」という逆接の接続語で始まっており、前半に「リヤ王は、激怒し」（7・8行目）、後半に「いずれにしても、怒り狂う人物は」（11行目）とあって、3段落全体が2段落とは異なるリヤ王を説明しているから「リヤ王の変身」がすでに起こっているとわかります。

これで傍線部Bを含む4段落の冒頭文は、前の2・3段落の内容を要約していたのだと理解できます。考えてみればこの文は「すなわち」という要約を示す接続語で始まっていました。

ここまでをまとめると、

〈2段落全体↔3段落全体〉＝4段落の**冒頭文**となります。

◆**段落冒頭の接続語をマークせよ**

3段落も4段落も、段落冒頭の接続語が読解の大きなヒントになりました。ぜひ段落冒頭の接続語を大切にしてください。

このことについては**【1】**（ポイント4）（「問題・読解ノート」p.18）でも学習しました。**特に段落の冒頭にある接続語は段落と段落といった大きな接続関係を示すので、要注意です。**

---

段落の冒頭文は、それまでの段落の内容を要約していることも多いので気をつけよう。

**段落冒頭の接続語はマークしておくのがいいでしょう**（ただし問題文のすべての接続語にマークするというのはあまりお勧めしません。たいして重要でない接続関係もあるからです。機械的な細かい作業に気を取られていると、大切な脳の動きが止まってしまいます。あくまで〈段落冒頭〉の場合です）。

これで傍線部Bの内容が、③段落に出てくる「変身」したリヤ王、つまり「激怒」し「怒り狂う」リヤ王だとわかったので、解答は③段落から探します。さらに③段落の真ん中の部分（「それを聞いて…」（8行目）から「いずれにしても」（11行目）の前までは無関係な話題なのでカットして考えましょう。これで解答が見つかります。

「その『忘恩』に対してリヤ王は、激怒し…」（7・8行目）のところです。

設問文に「原因を示す最も適切な語」とあるので、「　」も付けたまま（「　」も表現の一部なので）**問二の解答は「『忘恩』」**とした方がいいでしょう（ここでは「　」を付けても付けなくても、意味が変わらないので、「　」がなくても正解にはなると思います）。

## ◆抜き出しは条件をチェックせよ

設問の条件については【1】でも学習しましたが、抜き出しのときは特に大切です。

**抜き出すべき解答が〈原因〉か〈結果〉か〈同内容〉か、あるいは、〈もの〉か〈こと〉か〈行動〉か〈状況〉か〈心情〉か、ということを考えましょう。**しかしそれ以外にも、まだ条件があります。

「語」→一単語　　　　　で抜き出す
「文」→一文　　　　　　で抜き出す
「語句」→一単語または句　で抜き出す
「部分・言葉」→無条件　で抜き出す

といった**解答形式に対する条件**です。ミスをしないように気をつけましょう。

**問三**にはこれ以外に、「一〇字程度」という別の条件も付いています。

---

「文節」で答えなさいというのもある。つまり意味のまとまりの最小単位。「言葉が」「言葉だ」「言葉の」などと答える。「語」で答えるときは「言葉」だけだ。また「部分」のときは二文以上のときもある。要注意！

このような字数の条件については、こんなふうに考えておけばいいと思います。

「一〇字以内」 →6～10字で抜き出す
「一〇字ちょうど」 →必ず10字で抜き出す
「一〇字程度」 →8～12字で抜き出す

### ◆問題文全体の構造から考える

問一、問二と同じ方針で問三にいきましょう。ただし、問一では、リヤ王の「変身の物語」（3行目）のうちの第一段階が問われ、問二ではそのうちの第二段階に関する内容が問われていました。したがって、問三では残った「第三段階」（14行目）に関する内容が問われるだろうと予測できると有利です。

傍線部Cを読んでいきます。

最終段落

C
リヤ王の正気は、狂気のなかにあらわれる。

**この文は問題文の末尾近くにあります。これについては【1】の問三の空欄補充でも学習しましたが、ここでも問題文の全体から考える必要があります。**

問二の解説で説明したように、[4]段落の冒頭文は「すなわち」と[2]・[3]段落を要約していましたが、さらにその後で「ところが、第三段階に到ると」（14行目）とあり、「リヤ王の変身の物語」の第三段階の説明に入ったことがわかります。そして[4]段落の末尾には「『狂気のなかの正気』」（17行目）と書いてあります。つまり[4]段落は、リヤ王が「行動の人」（第一段階）→「激情の人」（第二段階）→「『狂気のなかの正気』」（第三段階）と変身する物語だと述べているのです。この「『狂気のなかの正気』」は傍線部Cを含む一文と〈同値〉の内容です。

さらに[5]段落はその「『狂気のなかの正気』」の内容について。しかし、[5]段落はほとんどが具体例と引用であり、最後の文で「この時のリヤ王は、ほとんど歴史家に近い」と述べているだけです。

設問全体を見渡すことで、それぞれの設問のキキタイコトがわかりやすくなる。特に記述設問では役立つ事が多い。

そして6段落冒頭の傍線部Cのところから、ふたたび4段落の「『狂気のなかの正気』」について説明が始まります。

つまり、4段落の後半（A）＝5段落全体（A´）＝6段落全体（A）という構造です。

**A（仮説）＝A´（例・引用）＝A（結論）**

**という評論（自分の仮説を例や引用などで証明して結論とする文章）では頻出する典型的な〈サンドイッチの構造〉と言っていいでしょう。**

こういうわけで、傍線部Cと同じ内容が例・引用の5段落（A´）を飛び越えて、仮説の4段落後半（6段落と同じA）にあったというわけです。

**◆カタチから〈同値〉〈対立〉へ**

そこで、もう一度4段落の最後の部分を見てみましょう。

> **4段落**
>
> ほとんど狂気の状態となる。と同時に、道化師に代って、権力と社会の鋭い観察者（理解者）となる。まさに登場人物の一人がいうとおり、「狂気のなかの正気」（第四幕、第六場）である。

まずは客観的思考を行うためにカタチから入りましょう。

〈Xとなる。と同時に、Yとなる。まさにZである。〉となっているので、内容的には、まさに〈Z＝X＋Y〉というわけです。つまり〈「狂気のなかの正気」＝「狂気の状態」＋「権力と社会の鋭い観察者」〉が成立し、傍線部C「リヤ王の正気は、狂気のなかにあらわれる」と見比べれば、「狂気の状態」にある「リヤ王の正気」はリヤ王がどのような「存在」になったことを言うかがわかります。「存在」「一〇字程度」といった設問の条件もチェックして、**問三の解答は「権力と社会の鋭い観察者」**（11字）。

**◆抜き出しの解答の条件は何か**

では、「観察（と理解）の人」（14行目）「権力の消長をながめて暮そう」（27行目）「ほとんど歴史家に近い」（27・28

評論は単に筆者の主張を並べた文章ではなく、主張の正しさを証明しようとしていると考えれば構造がつかみやすい。

行目）「歴史と社会の観察者」（29行目）などはなぜ解答にならないのでしょうか。まず、「観察（と理解）の人」では何を「観察（と理解）」するのかという具体性に欠けています。「権力の消長をながめて暮そう」には心情はあっても、設問で問われた「存在」の具体性がありません。「ほとんど歴史家に近い」という表現は、何かに「近い」という間接的な説明であって直接的な内容を示していません。「歴史と社会の観察者」については、「リヤ王は、ほとんど歴史家に近い」（27・28行目）と書かれているだけで「歴史家」そのものとなったわけではないので、「歴史」の部分は「リヤ王」の存在を直接的に説明した内容ではなく、そこから派生した内容に過ぎません。

**設問文に「最も適切な」とあるように、抜き出し解答には厳しい条件があります。**

**それはなるべく、〈直接的〉〈具体的〉な言葉を抜き出すということです。**したがって比喩・否定・類似・指示語などを使った表現は不明瞭なので正解とはされません。

また設問文に「存在」とあるので、「権力の消長をながめて暮そう」といった〈心情〉の表現では正解となりません。先に**設問の条件**をマークしておかないと、ミスし易いので注意してください。

## ◆出題者の意図を考える

問一から問三まで、すべて抜き出しの設問を解いてきましたが、それぞれの設問ごとに出題者の意図が明らかだったことを再度振り返っておきましょう。

問一はリヤ王の変身の〈第一段階〉について、問二は〈第二段階〉について、問三は〈第三段階〉について、というように、けっきょく受験生が問題文全体のテーマである「リヤ王の変身」の内容について理解できているかをきいていたわけです。

**出題者は常に問題文全体を正確に読み取れているかを中心にして設問を作ります。**

大学に入って、書籍や論文の全体を正しく読める力、これなしには大学の授業も成立しなくなります。ですから問題文の全体について読めているかが試されるのです。

**特に設問が難しいと感じたときは、出題者の意図を考えて問題文全体から解くようにした方がいいでしょう。全体の構造がわかっていれば、どのあたりに解答がありそうかと推理できるので、時間の短縮にもなります。**

問題文全体で筆者がイイタイコトをつかもうと思って読むことが、けっきょく解答時間の短縮につながる。

「最も適切な」とあるのなら、他にもっと〈直接的〉で〈具体的〉な表現はないかとチェック。また、「イモリ」を「ヤモリに近い」と答えてはダメ。

## step 2 脱文を挿入する《解答法を理解すると、得点源になりやすいのが脱文挿入。》

では、**問四**。やはり**カタチから入りましょう**。設問文にあるとおり、脱文はすべて「カッコ付き」です。まずその確認。

### ◆脱文の接続語を利用する

> **問四**
> ア（すなわち行動の可能性を失い）
> イ（日本語にくらべれば今でも豊富である）

まずアの脱文から。脱文の最初に「すなわち」とある。**段落冒頭の接続語**の重要性については説明しましたが、**脱文冒頭の接続語**も大切です。接続語は論理における方向指示器（ウィンカー）みたいな言葉です。

「すなわち」は同値（A＝AかA´＝A）の関係を示す方向指示器ですから、アの「行動の可能性を失い」と〈同値〉の内容が解答箇所の直前にあることがわかります。

また一方「行動」というのは、問題文全体の中では「リヤ王の変身」の第一段階に属します。このことについて要約していたのは4段落の冒頭ですが、その後で「ところが」（14行目）と逆接の接続語につづけて「第三段階」（14行目）の説明に入ります。

そこを読んでみます。

> **4段落**
> ところが、第三段階に到ると、二人の娘に追い出され、従う者少なく、荒野に彷う（さまよう）王は、全く無力であり、絶望し（すなわち激情さえもおこらず）、ほとんど狂気の状態となる。

「全く無力であり、絶望し（すなわち激情さえもおこらず）」とあります。このなかの「無力であり」は「行動の可能性を失い」と〈同値〉の内容だから、アの脱文はその直後に入ります。**問四のアの解答は「無力であり」**。

なかなかこの〈同値〉に気づけないという人は、もっと言葉の〈カタチを見出す〉ようにしてください。するとここ

---

客観的思考はカタチ・形式から筆者や出題者の主観をとらえることを目指す。一般に他者の主観をとらえることが客観的思考。他者の主観をとらえたいという僕らの主観が、僕らの客観的思考を支えてくれる。主観と客観はたんに反対の意味だけではない。

カタチから入るのはいつでも大切なこと。それが客観的思考の始まり。

での「第三段階」の説明が第一・第二段階の否定というカタチを取っていることに気づけるかもしれません。**脱文を挿入して確認してみましょう。**

**4段落**

無力であり（すなわち行動の可能性を失い）＝行動の人〈第一段階〉の否定
絶望し（すなわち激情さえもおこらず）＝激情の人〈第二段階〉の否定

**脱文を挿入すると、とてもカタチの整った文章になります。脱文挿入でもカタチは大切です。**

カタチを無視して内容だけから解答箇所を探していると、「は、激怒し」（7・8行目）、「なった彼は」（25行目）、「ことなのか」（30行目）などと解答し間違えることになるでしょう。

## ◆脱文挿入は〈同値〉を見つける

脱文というのは、もともと問題文の中にあった言葉を、出題者が筆者に無断で抜き取ってしまったものですが、それでも私たちが問題文を読んでいて穴が開いているように感じることはありません。

これはどういうことなのでしょう。**実は脱文の多くが、問題文の中で、続けて同じようなことを繰り返し述べている表現のうちの一方だけを抜き取ったものだからです。その結果、論理の飛躍がないため、抜き取られていることに気づけないのです。**

**したがって脱文挿入の設問は、基本的には脱文と問題文との〈同値〉の関係で解けます。**

もちろん【1】で学習したようにいろいろな同値がありますが、それでもほぼ解答法が決まるので、慣れれば**得点しやすい設問**です。

イの脱文の方には「日本語にくらべれば」とあります。したがって問題文の中で、話題においてこれと〈同値〉の性質をもつと言えるのは、同じ言語についてという意味で3段落に出てくる「英語」（9行目）の話題だけです。そこで、「英語には悪口のための語彙が実に豊富であったということ」（9行目）に注目し、さらに「豊富」という言葉もイの脱文にあるので、ここに挿入すればよいとわかります。

脱文挿入は安定して得点しやすい設問と言える。脱文と広い意味での〈同値〉を見つけよう。

ただし、脱文挿入では、前後のつながりを考慮することも大切です。**イの解答は「富であった」**（「ということ」の直後に挿入すると、前後のつながりが悪くなって読みにくくなるので不正解とされます。ここでもカタチをしっかりと意識することが重要です）。

「ということ」を解答とした人は、10行目にも「ということ」があることに注目してください。これを解答にしてしまうと、君がどこを正解と考えているのかがはっきりしなくなります。こんな観点からも「ということ」を解答にできないことがわかります。ややこしい話ですが、解答もまた、出題者・採点者とのコミュニケーションであることを忘れないようにしましょう。脱文挿入は少しでも位置がずれていると、得点できないので、解答のカタチにも気をつけてください。

### ◆設問の構造を利用する

ここで改めて、問一～三の設問内容を振り返ってみましょう。

まず本文全体は要約からもわかるとおり、『リヤ王』を変身の物語とする見方の説明でした。そしてその変身は、①「老いたリヤ王」（4行目）の「愚行」（5行目）→②「『忘恩』に対して」（7行目）「激怒」（8行目）する「激情の人」（13行目）→③「狂気のなか」（29行目）にある「権力と社会の鋭い観察者」（16行目）というものでした。

次に、この本文の構造に沿って問一～三を振り返ってみます。すると問一の設問は①について、問二の設問は②について、問三の設問は③について、それぞれ問うているということがわかります。

つまり、本文の構造に沿って設問の構造が成立していたわけです。このようなことを見出す一種の構造的思考力は、難問に出くわしたときに役立つことがあります。設問で何を問われているのか、何を答えるべきか、何を記述したらよいのかわからないといったとき、その設問以外で何が問われ、何を答え、何を説明したのかを確認したうえで、その難問に対処してみるといいでしょう。

**本文の構造から設問の構造を考える**ということが、難問対策にはとても有効です。

## 要約例

『リヤ王』の主題はさまざまに解釈できるが、その一つは、リヤ王が行動（愚行）の人から激情の人となり、さらに無力と絶望による狂気のなかでかえって権力と社会を鋭く観察する正気をもつに至る変身の物語とする見方である。（100字）

## 解答

**問一**　老いたリヤ　（10点）
**問二**　「忘恩」（忘恩）　（10点）
**問三**　権力と社会の鋭い観察者（11字）　（10点）
**問四**　ア＝無力であり　　イ＝富であった　（各10点）

計50点

## Lesson【2】まとめ

| 抜き出し | 脱文挿入 |
|---|---|
| 傍線を含む一文から考える | 脱文のカタチに注目する |
| ↓ | ↓ |
| 傍線との〈同値〉〈対立〉で解く | 脱文と広い意味での〈同値〉を探す |
| ↓ | ↓ |
| 設問の条件をチェック | 前後のつながりをチェック |
| ↓ | ↓ |
| 正解 | 正解 |

**雑音**（ノイズ）「狂気のなかの正気」とありますが、きっとその反対の「正気のなかの狂気」もあるでしょう。領国の半分をくれた父リヤ王を手ひどく扱った娘や、自分は真面目に働いてきただけだと平然と語ったアウシュビッツ収容所（ユダヤ人の大量虐殺を行ったナチスの施設の一つ）の所長など。ウィリアム・シェークスピアの戯曲は、常に人間を不確実で揺らぎのあるものとして描きます。詩人ジョン・キーツの言うnegative capability（ネガティヴ ケイパビリティ）（＝不確かさや未解決なことを受容する能力）によるのかもしれません。学びによって大きく成長しようとするとき、また、不確実な未来を楽しく生きようとするとき、とても必要とされる能力だと思います。

記述式の設問でしたが、入試で記述式がない人もしっかりと取り組んでください。

## 指示語の内容を答える《指示語の設問がきちんと解けることは、現代文の基礎力がついたということ。》

今回の設問はすべての傍線に指示語が入っています。

では、一般に指示語はどこを指すのでしょうか。その種類をここにまとめておきましょう。

### ◆指示語の対象はどこにあるか

**指示語の対象**

A　指示語の直前・少し前を指す。
B　指示語の　かなり前　を指す。
C　指示語の直後・少し後を指す。
D　文中にない言外のものを指す。
E　強調のためで、何も指さない。

Aが最も多いのですが、当たりまえ過ぎてあまり入試では問われません。問われる場合は、**指示対象がどこから始まるかを問うタイプの設問か、あるいはその部分を字数内に要約させるタイプの設問となります。**

BとCが最も多く入試で問われます。

Bの場合は、**指示語の直前部が挿入や補足の説明になっていることが多いので、そこを（　）に入れて考えます。**

Cの場合は、指示語のあとに、英語の関係代名詞などを含む文を訳したときのような文構造がつづきます。わかっていればたいしたことはありませんが、わかってないと恐ろしい。お化け屋敷のあれと同じ、友達だと思って気軽に触れてしまったお化けの人形みたいなものです。

いまの文の「あれ」は、後に出てくる「お化けの人形」を指していました。そして「友達だと思って気軽に触れてし

---

記述式の設問を学習しておくことで初めて、難解な選択肢の設問に対応できる力がつく。また逆に、選択式の設問でも、記述式設問を解くときのように、自分が答を書くならどう書くかと考えて学習していると記述力をつけることができる。

まった」がまるで関係代名詞以下を訳したときのような文構造になっています。

これでもう、あれがお化けの人形だとわかったので、だいじょうぶでしょう。

D・Eはほとんど入試に出ません。

でもここではDについても説明しておきましょう。で、わかったでしょうか？ いまの「ここ」。この「ここ」はどこにも言語化されていない「本のページ」といったものを指しています。

Eは漢文や擬古文などで登場します。「今年はこれ勉学に努めよ」の「これ」。何も指すものがなく、強調の役割を果たします。

**◆指示語設問は二種類ある**

では、**問一**にいきましょう。

設問文に「指示している内容を具体的に四〇字以内で書け」とありますが、**実は指示語を問う設問には二種類のタイプがあります。**

**設問**

A 指示する**〈対象〉**をきく

B 指示対象の**〈内容〉**をきく

**◆まず指示語の〈対象〉を求めよ**

問一はBのタイプですが、この場合も、まずAの〈対象〉を突き止めないと解答を求めることはできません。

**最終段落**

そのサロンでは、話題の球を一人が打てば、相手はそれを打ち返さなければならない。それは試合にたとえれば、ピンポンのようなもので、こちらが球を打っているのに相手が打ち返してくれないのなら、たとえ相手が微笑して自分にお世辞を呈してくれようとも試合は成り立たず、索然として興は湧(わ)かないだろう。こちらの発言に応じて相手が意想外な答を返してくれてこそ、予想外な進展が期待されるのである。

二重傍線部の指示対象はすぐわかったかもしれませんが、確実な手順を踏んで考えてみましょう。

**【2】の問一で指示語の抜き出し設問を学習しました。あのときと同様にすぐに結果を求めず、まず二重傍線部「それ」と〈同値〉〈対立〉の内容を求めます。**

「それは…ピンポンのようなもので」とありますから、文の〈主語〉と〈述語〉というカタチを見出し、「それ」＝「ピンポンのようなもの」という〈同値〉の関係を把握します。したがって、指示する〈対象〉も「ピンポンのようなもの」ということになるので、指示対象は直前の「そのサロンでは、話題の球を一人が打てば、相手はそれを打ち返さなければならない」と決定できます。

また「そのサロン」＝「西洋のサロン」（27行目）であり、3段落の冒頭に「西洋のサロンとか…の会話」（27行目）とあることから、この傍線部の話題が具体的に「西洋のサロン」の「会話」であることがわかります。設問文に「具体的に…書け」とあったので、この内容を書かないと大きな減点となります。

（こんなふうに、すぐに解答を求めず、まずは客観的に論理的に考える思考習慣を普段から身に付けてください。すぐに解答や結果だけを求めると、客観性や論理性を見失いがちです。）

◆**次に指示対象の内容を求めよ**

**さらにこの〈対象〉の部分が、問題文のなかでどのような内容を指しているかを考えなければなりません。**

ここでさっき、「それ」＝「ピンポンのようなもの」という**〈同値〉の関係**を把握しておいたことが役に立ちます。「ピンポンのようなもの」についての説明が続き、「こちらの発言に応じて相手が意想外な答を返してくれてこそ、予想外な進展が期待される」（32・33行目）とあります。

ここで指示対象の部分と見比べれば、球を打つというのが「発言」のことであり、球を打ち返すというのが「意想外な答を返」すことだとわかります。

◆**記述は〈具体的〉〈直接的〉に書く**

記述で解答するわけですから、「球」「打つ」「ピンポン」といった〈比喩〉や「…しない」「…てくれない」といっ

傍線部の言葉は、それを含む段落全体の話題についての説明の一部。必ず段落の話題をチェックしておこう。

例文で説明してみよう。「ここに玉子焼きがある。これは中にタラコが入っていてうまい。」とあれば、「これ」＝「うまい」＝「玉子焼き」となる。

た〈否定〉を使った〈間接表現〉は減点となります。【2】で学習した抜き出しのときと同じように、記述でもなるべく〈具体的〉〈直接的〉に答えることが原則です。本文内容についてはわかっているはずなのに、記述ではうまく点が取れないという人の悩みはこのへんにあるのかもしれません。

**問一の解答は、「二人の発言に応じて相手が意想外な答を返すことで成り立つ西洋(人)のサロン(風)の会話。」**(37〜39字)

## step 2 傍線内容を説明する 《入試でいちばん多い設問形式の一つ。指示語がポイントとなるものも多い。》

### ◆〈指示語〉〈接続語〉は重要アイテム

問二は傍線部説明ですが、傍線部に指示語があるので、まず指示語の設問として考えましょう。

**傍線部が〈指示語〉を含んでいるということはよくあることですが、特に傍線部または傍線部前後の指示語を利用して解かせる設問はほんとうに多いです。そしてこの指示語と並んで、ポイントとなるのが【1】で扱った〈接続語〉です。**

この二つは設問攻略に欠かせない重要アイテム。傍線部自体にはなくても、実際にはどこかの〈指示語〉と〈接続語〉が解答法のポイントになっていることもよくあります。

傍線部およびその前後の〈指示語〉〈接続語〉には必ずマークを付けてから解答を考えるという習慣づけも〈客観的思考力〉を育てるのに役立つと思います(ちょうど指差し確認を必ず行う駅員さんのように)。

### ◆〈指示語〉〈接続語〉は道路標識

どうして**〈指示語〉と〈接続語〉**なのでしょうか。

もし友達と話をしている最中に、相手が、

①「だからさぁ」と言えば、君は今までと同じ方向に話が続いていくと思って、うんうんとうなずくかもしれない。

②「だけどさぁ」と言えば、君は話が反対の方向にいくと思って、えっ、どういうことって思わず耳を傾けるかもしれない。

指示語と接続語はどんな文章の中でも同じ役割を果たす。それが新約聖書だろうと恋人からのメッセージだろうと変わらない。とてもクールで客観的な言葉だ。

③「その男がさぁ」と言えば、君は話が具体的にある男のことに絞られると思って、興味をもつかもしれない。
④「そういう男はさぁ」と言えば、君は話が抽象化され、何を言い出すのかと、少しだけ緊張するかもしれない。
**つまり、〈接続語〉〈指示語〉によって話の進む方向がはっきりと示されます。**
①は「だから」という順接の接続語によるし、②は「だけど」という逆接の接続語によります。また③は「その」という具体的に内容を受ける指示語によるし、④は「そういう」という抽象化して内容を受ける指示語によります。

### ◆〈接続語〉〈指示語〉の分類

とりあえず〈接続語〉〈指示語〉はそれぞれ、先ほどの二種類に分けて考えることができます。
まずは主な接続語を、論理によって次のように分類してみました。確認してください。

**接続語**
- **順接（同値の方向）**
  - 同値「つまり」・因果「だから」
  - 追加「さらに」・話題継続「そして」など
- **逆接（対立の方向）**
  - 対立「しかし」「だけど」
  - 制限「ただし」・話題転換「ところで」など

接続語はこの二種類に分けて考えたうえで、さらに【1】で学習したように、文中での役割をとらえていきます。
一方、指示語については次の二つに分けて考えましょう。

**指示語**
- **具体的に物事を指示する**―「この」「その」「これ」「それ」「ここ」
- **抽象的に意味を指示する**―「このように」「そのような」「そういう」

これで、問一では「それ」という〈指示語〉について問われていたので、〈具体的に〉答えさせる設問だったと確認できます。

文法用語が入試できかれることはほとんどない。使用法の区別がつけばそれでよい。これは文法問題一般について言える。

**◆指示対象の〈範囲〉をとらえる**

では、**問二。傍線部に「そのような」とあるから、今度はこの分類のうち、後者の「意味」について説明させるタイプの設問だとわかります。**ここでも問一と同じ手順で、まずは指示対象を明らかにしましょう。「そのような社会の構造が会話の条件にも…影響してくる」（18・19行目）と述べた後で、実際に「会話の条件」にどのように「影響してくる」かを次の段落以降（2・3段落）で説明しています。そこには「日本人」（20行目）側（A側）と、「西洋」（27行目）の側（B側）の両方の「会話の条件」が出てくることから、ここでの「そのような社会の構造」も「日本人」の側（A側）とそれに対立する「しかし」（16行目）以降のB側の両方を指示していると理解できます。このように指示語の問題では指示対象の〈範囲〉を正確に理解するために後ろの文章を見る必要も生じてきます。だからこそ設問よりも先に問題文の全体を読んでおかなければなりません。

**◆筆者の主張に沿って説明する**

筆者はこの1段落で、まず長々と「日本」の話をしたあとで、それから**「それにたいして西洋」（27行目）というように、「日本」と「西洋」を〈対立〉させるカタチで主張しています**（設問文に「本文に即して」とあるので採点でもこのことが重視されます）。

したがって、1段落の「日本」側の文章内容と、それに対立する「西洋」側の文章内容の意味の両方について説明する必要があります。ただし、傍線部Aの指示語「そのような」は対立であることを問題にしているわけではなく、直前部分のまとめを行っているだけなので、解答をあえて対比の形（〈～に対して〉など）にする必要はありません。「しかし」（16行目）の直前には日本の「社会の構造」のまとめがあるので、まずはそこの部分を確認してみましょう。

**1段落後半**

自分の周囲に保護集団があり、その配慮によってまじめに働いていれば、当然偉くなれるという期待をあてにできるところでは人々は自分からは立候補しないし、競争を忌避する。人々の挨拶は「どうぞよろしく」とか「お見捨ておきなく」というように受身的な希望の表明にとどまりがちである。

「本文に即して」とは本文の〈内容〉に沿って説明しないと許さないぞということ。

「その子が好き！」というのと「そのような子が好き！」ではまったく違うよね。

Ａ側は「保護集団があり…期待をあてにできる」「自分からは…競争を忌避する」「受身的な希望の表明にとどまりがち」の三つの要素に分けてとらえることができます。**そこで、Ｂ側もＡ側のそれぞれの要素に対立する要素を使って説明するという形式で解答を作ります。**

設問文は「〜について…説明せよ」なので、解答の形式にこだわる必要はありません。

**問二の解答は「周囲の保護集団をあてにできる日本社会は、人々が競争を忌避し受身的な希望の表明にとどまるが、流動性が高い西洋社会は、人々が自分を売りこもうと移動し強く自己主張し自己顕示的になる。」**（88字）

## ◆指示語の対象をさかのぼれ

次は**問三**。

**最終段落**

こちらの発言に応じて相手が意想外な答を返してくれてこそ、予想外な進展が期待されるのである。多元化する今後の社会では、**そのような**形での情報交換の必要もますます増大するにちがいない。西洋人は子供のときから食卓で**そのような**会話を耳にしている。高校生のころから男女交際を通じて**そのような**社会的訓練を受けている。しかし、日本人はそのようなソーシャル・ライフをあまりもたない。（B）

傍線に「そのような」という「意味」を指示する指示語があり、その点では問二と同じです。

まずは傍線部を含む一文を必ず読みましょう。「日本人は〈傍線部Ｂ〉をあまりもたない」と書かれており、本文は「日本人」↕「西洋人」という〈対立〉で書かれていたわけですから、傍線部Ｂは「西洋人」のもつものだということを押さえておきます。

次に指示対象の把握を始めます。「予想外な進展」から「しかし」の直前までと予測できたでしょうか。というのは、先ほどの問一でその直前の文内容までをすでに解答として説明していたからです。

設問の構造を利用する（p. 28）ことを思い出してください（解答は常に出題者のキキタイコトの中にあります。特に記述設問では大切なことです）。

でも、もちろん確認をしておく必要があります。傍線部に「ソーシャル・ライフ（＝社会的生活）」とあり、「予想外な進展」より前の部分は、「サロン」での「話題」(30行目)の「返し」(33行目)方についての説明になっています。これで予測の正しさが確認できます。

もちろん解答に「そのような社会的訓練」「そのような会話」「そのような形」という指示語を使った間接的な表現をそのまま使ってはいけないので、**それぞれ直前の指示対象へとさかのぼって、その内容を指示語のところに代入して考えなければなりません。**

こういう**粘り強い思考**を要求する設問も、けっこう出題されます。

あとは直前の具体例(「子供のときから食卓で」「高校生のころから男女交際を通じて」)そのままを使った解答にならないように注意して、**筆者の主張に沿って**まとめましょう。

**問三の解答は「西洋人は会話の予想外な進展により情報交換を行う社会的訓練を受けているということ。」**(40字)

傍線部に解答を代入して言い換えてみると、「西洋人は」は不要ではないか、あるいは解答に入れるべきではないのではないか、と考える人もいるかもしれません。しかし設問文には「説明せよ」とあります。〈相手にわかるように説き明かす〉ことが求められているのであって、言い換えが求められているわけではないので、注意してください。

また、**【3】**の設問はすべて記述式でしたが、**各設問の解答内容が重複しないようにうまく作問されています。これも記述入試の特徴と言っていいでしょう。**

粘り強く〈指示語〉の〈対象〉や〈同値〉の関係を追いかけさせる設問。粘りがあることはときに大きな力だ。

**要約例**

日本人は、和を尊び会話で無反応になりがちだが、多元化する今後の社会では、西洋人のように、社交を楽しみ相手に意想外な答を返し、会話の予想外な進展により情報交換を行う社会的訓練も受けておく必要がある。(98字)

**解　答**

**問一**　一人の発言に応じて相手が意想外な答を返すことで成り立つ西洋(人)のサロン(風)の会話。(37~39字)(14点)

**問二**　周囲の保護集団をあてにできる日本社会は、人々が競争を忌避し受身的な希望の表明にとどまるが、流動性が高い西洋社会は、人々が自分を売りこもうと移動し強く自己主張し自己顕示的になる。(88字)(22点)

**問三**　西洋人は会話の予想外な進展により情報交換を行う社会的訓練を受けているということ。(40字)(14点)

計50点

**採点基準**

**問一**
①「西洋（人）のサロン（風）の会話」…6点
＊「会話」のみでは3点
＊「西洋（人）」が欠けたものは2点減点
＊「サロン（風）」が欠けたものは1点減点
②「意想外な答を返す」…4点
③①・②の両方の要素が全くないものは全体0点
④「（一人・一方・相手の）発言に応じ」…4点

**問二**
①「保護集団」…3点
②「日本」…2点
③「競争を忌避」…3点
④「受身的な希望の表明」…3点
⑤「流動性」…3点
⑥「自分を売りこもうと移動」…2点
＊「横方向」などと比喩を使っただけの説明は1点のみ
⑦「西洋」…2点
⑧「自己主張し」…2点
⑨「自己顕示的」…2点

**問三**
①「西洋人」…2点
②「会話」…2点
③「予想外な進展」…3点
④「情報交換を行う」…4点
⑤「社会的訓練を受けている」…3点
⑥③・④の両方の要素が全くないものは全体0点

**※要素や表現は、類似の内容ならすべて認められます。**

## Lesson【3】まとめ

**傍線部説明**

傍線部（前後）の〈接続語〉〈指示語〉をマーク
↓
傍線部との〈同値〉〈対立〉をチェック
↓
各設問の解答が重複しないように決定
↓
正解

**指示語説明**

〈同値〉の言葉を探す
↓
指示する〈対象〉を把握
↓
範囲・内容を決定
↓
正解

**雑音**（ノイズ）　問題文は「会話の条件」という小タイトルの一節でした。世界が多様化し均質な保護集団が失われていく中で、ピンポンよりゴルフを好む日本人は、会話の訓練を子どものときから受けるべきだというふうに読めます。「会話」の弾み方も土地によって違うということでしょうが、どの土地にもきっと、周りと馴染（なじ）めない人たちがいることでしょう。西洋風の会話が苦手な西洋人、日本風の無反応が嫌いな日本人。誰もが好きな環境を選んで生きられればいいのでしょうが、価値観や理念（＝物事はこうあるべきだという根本的な考え）が自分と異なる人は必ず周囲にいるものです。同情、同感する「sympathy（シンパシー）」よりも、自分と異なる人たちが何を考えているのかを想像する力＝「empathy（エンパシー）」は、複雑化し混沌（こんとん）とした現代において強く求められる能力の一つかもしれません。

# Lesson【4】 比喩・内容一致の解答力

真木悠介「交響するコミューン」

《比喩とは何かをしっかり理解する。そしてそこにどんな主張・心情が込められているのかを見抜く。》

## step 1 比喩の意味を見抜く

### ◆比喩の設問は意外に多い

今回の設問は、すべて比喩にかかわっています。比喩とはいったいなんでしょうか。

**比喩とは、筆者の主張を込めた言葉の花束。「愛してる」と直接言うよりも、黙って渡す花束のようなもの。そう、今の「花束」が比喩です。**

今ここで説明している内容と直接には関係しない言葉を持ち出すことで、印象深く理解してもらおうとする修辞法（＝言葉を効果的に使う表現法）の一つです。

だから問題文では、筆者が**重要な主張・心情**を伝えようとするときによく出てきますし、出題者はそれをねらって答えさせようと設問を作ったりもします。記述・抜き出し・選択式など、どの形式の設問にもよく登場します。

### ◆比喩の種類はいっぱい

目の前のある本を開いてみました。

その小説の最初のページに「彼らはまるで枯れた井戸に石でも放り込むように僕に向かって実に様々な話を語り」とあります。やがて「**悲しいほど平凡な名前の女の子**」が「僕」の前に現れて、「くっきりとした朝の光がまるでテーブル・クロスでも引き払うように闇(やみ)を消し去る」。さらに小説の最後のページの最終行に「何もかもがすきとおってしまいそうなほどの十一月の静かな日曜日だった」とあります。

引用部分にはすべて〈比喩〉がありました。意外なものを結びつけることで強い印象を残しています。（永遠に若い小説。村上春樹著『1973年のピンボール』〈講談社文庫〉より）

「比喩を抜き出せ」あるいは比喩の種類を問うといった設問も出題されるので、〈比喩〉についてまとめておきましょう。

次の中で、〈比喩〉と言えるのはどれでしょうか？

私たちも大切なことを伝えたいときに「…みたいな」「まるで…」などと比喩を使う。「ずっと以前から二人でいっしょみたいな」とか。

## 比喩はどれか

①「林檎(りんご)みたいなほっぺ」「死ぬほど好きだ」
②「林檎のほっぺ」「私の耳は貝の殻（ジャン・コクトー『月下の一群』より）」
③「馬の耳に念仏」「猫に小判」「豚に真珠」
④「春の海がゆっくりと笑顔を広げた」
⑤「きゅるるんとお腹(なか)が鳴った」「うおぅんうおぅんと男が吠えた」
⑥「あたりがシーンとした」「ぽてんとしたクリームの付いたケーキ」
⑦「眼鏡が話し掛けてきた」「パンチパーマが泣いた」
⑧「僕は探しつづけていた。本当（?・）の自分を」

実を言うと、①〜⑦までがすべて比喩（法）の一種。⑧だけが倒置（法）です。

①直喩（明喩）　②隠喩（暗喩）　③諷喩(ふうゆ)（寓喩(ぐうゆ)）　④擬人法（活喩）
⑤擬音語（擬声語）⑥擬態語　⑦換喩

③と⑦の比喩の名称は覚えなくていいです。比喩の一種とわかれば大丈夫。
**①は「まるで」「ような」「ほど」などで直接に比喩だと明示しているので〈直喩〉〈明喩〉。英語で〈シミリ（simile）〉。**
**②は比喩であることを隠して暗示しているので〈隠喩〉〈暗喩〉。英語で〈メタファー（metaphor）〉。**
③はことわざ・格言など。
④は人間以外を人間に見立て表現して活力を与える〈擬人法〉〈活喩〉。
⑤は実際に音に似せて表現する〈擬音語〉〈擬声語〉。
⑥は状態を表すために作られた表現で〈擬態語〉。「シーン」「ぽてんと」と音はしないので擬態語。「シーン」は漫画で手塚治虫が初めて使いました。
⑤と⑥を合わせてオノマトペ（onomatopée フランス語）と言います。
⑦は特徴のある目印で実体を指す表現。

◆まず本来の意味から考えよう

では、問一。

**5段落** この二つの対照的な精神態度を、ここではかりに、〈彩色の精神〉(1)と〈脱色の精神〉(2)というふうに名づけたい。

傍線部にある「彩色」の本来の意味は〈物に色をつけること〉。ところが傍線部は「精神」の説明をしているところですから、内容からかけ離れた表現。したがってこれは〈比喩〉です。

**〈比喩〉に関する設問は、まず、その本来の辞書的な意味からスタートすることが重要です。**

◆筆者のプラス⊕・マイナス⊖を知る

この傍線部を含む一文の直前まで（13行目）は「二つの対照的な精神態度」の説明であり、この一文では、それを「ここではかりに、〈彩色の精神〉と〈脱色の精神〉というふうに名づけたい」と言っている。

したがって、筆者の立場に立つと、傍線部を含む部分は、問題文冒頭からの内容をまとめる大切な役割を果たす〈要約表現〉です。

また次の6・7段落（16〜23行目）は、その「二つの対照的な精神態度」をもった「タイプの人間」（16・20行目。二つの段落のそれぞれの冒頭文）の説明。

最後の二つの8・9段落は「〈脱色の精神〉」による「われわれ」（16行目）＝「現代人」（29行目）の〈マイナス⊖〉（筆者が否定している）側についての説明です。

これで、問題文全体が「彩色」と「脱色」の精神の大きな〈対立〉で構成されていることがわかります。そして傍線部(1)は「彩色」ですから、筆者にとって〈プラス⊕〉（肯定している）側の表現であると理解できます。

こんなふうに、**〈比喩〉には筆者の〈プラス⊕〉〈マイナス⊖〉の主張が込められていることも多い。それは比喩が強い表現であり、しかも主張というものの多くが、何かを肯定したり否定したり、その両方であったりするからです。**

問題文においてはっきりと⊕・⊖が出ている表現から、筆者が何を肯定・否定しているかをつかむようにする。

**◆字数制限にも出題者の意図がある**

傍線部に「色」とあり、「色」は「夢」の比喩なので、「彩色」＝夢を与えるという内容をもつ箇所が解答となります。

まずは解答の候補をあげてみましょう。

1段落の例をまとめて「〈彩色の精神〉」を説明している3段落、「〈脱色の精神〉」をとりあげて「ところが」（12行目）と「〈脱色の精神〉」と〈対立〉させて説明している4段落、この精神をもつ「タイプの人間」（20行目）を説明している7段落。候補はそれぞれの段落にひとつずつあります。

**解答の候補**

① できごとの一つ一つが、さまざまな夢によって意味づけられ彩りをおびる（7・8行目）……3段落
② 『更級日記』では逆に、この日常の現実が夢の延長として語られる（12行目）……4段落
③ どんなつまらぬ材料からでも豊饒な夢をくりひろげていく（21・22行目）……7段落

**【2】**の問三で学んだように、抜き出しの条件はなるべく〈直接的〉〈具体的〉であることでした。今回の場合は字数制限もあります。①を解答としようとすると、「できごとの」を切り捨てなければなりません。もし出題者がここを正解と考えているなら、字数制限を「三〇字以内」とせずに「三五字以内」「四〇字以内」としていたはずです。制限字数もまた出題者の意図を表しています。したがって①は出題者の考える正解ではありません。②は『更級日記』という例による説明なので〈直接的〉ではなく、また「この」という指示語による説明は〈具体的〉でないため、適当ではありません。これで解答は③に決定。

**問一の解答は「どんなつまらぬ材料からでも豊饒な夢をくりひろげていく」**（26字）。

**◆問題文に比喩を当てはめる**

では、**問二**。今度は「脱色」について。「彩色」について問う問一とセットの設問です。

まず「脱色」の辞書的な意味は〈物から色を抜くこと〉。

これを問題文に当てはめて考えます。〈物〉と〈色〉に相当するものを本文から探すわけです。〈物〉に当てはまる

のが全体的なもので、〈色〉はそれに属する部分的なものです。したがって、〈「世の中・世界・人生」(＝物)から、「彩り・夢・幻想」(＝色)を抜くこと〉と考えることができます。

しっかりとそれぞれ〈同値〉の箇所に当てはめて、問われている「色」が後者の部分的な方であることを見きわめないと、「世の中」「世界」「人生」などと解答してしまいます。注意してください。

**◆解答の反則条件をチェック**

したがって、答えは「彩り・夢・幻想」のうち、抜き出しの条件である〈直接的〉〈具体的〉な表現に合うもの。「彩り」は比喩ですから〈直接的〉な説明でないため適当ではありません。

比喩についてきかれているのに、「彩り」という別の比喩で答えるのもおかしな話です。

設問文に「語」で「二つ」とあることを確認して**問二の解答は「夢・幻想」**。

また、これ以外に7段落から「興味」「意味」などを答えた人もいるかもしれませんが、これは「興味を示し」「面白がり」「惚れっぽく」「意味を見出し」(20・21行目)という**四つの語句でセットの並列表現。これをばらして四つのうちの二つだけを答えても、一部の要素を答えただけで全体を答えたことになりません。**

つまり、これら四つの並列表現による過程を経て初めて、「豊饒な夢をくりひろげていく」(22行目)という「彩色」が可能となったのであり、そこに「彩りにみちた幻想のうずまく饗宴」(23行目)が生まれたのであり、それが「脱色」されてしまったと筆者は述べています。そこで解答とはできません。

それ以外には最終段落の「かげり」(29行目)もあります。これは「脱色」された後の「世界」を説明する際に「かげりのなさ」と表現しているので、確かに解答の候補と考えられます。しかし「かげり」は「夢・幻想」に比べて意味がはっきりせず具体性に乏しいので、やはり解答とはできません。こうして正解は「夢・幻想」と確認できます。

---

たとえば「ネバネバして、毛が生えていて、尖っているもの」と三つの並列表現で書かれていたときに、一つか二つの要素を抜き出して解答にはできない。それで、別の箇所から「オクラ」と答える。

## step 2 選択肢の意味を見抜く《あくまでも筆者の主張とのかかわりから考える。選択肢を比較しても意味がない。》

### ◆基本は筆者の主張の方向から

では、**問三。基本は筆者の主張とのかかわりを考えることです。**問題文の重要内容を規準として選択肢を判断してください。

**8段落**

冷静で理知的な〈脱色の精神〉は近代の科学と産業を生みだしてきた。たとえばフロイトはわれわれの「心」の深奥に(3)近代科学のメスを入れようと試みたパイオニア(＝先駆者)である。

二つの文は「たとえば」(A＝A′)でつながっているので、傍線部は直前文の「脱色」(マイナス㊀の〈方向〉)の説明。このことを踏まえたうえで、「脱色」つまり筆者が否定している〈方向〉をもつ選択肢が正解と言えます。

選択肢の判断は常に設問箇所の〈話題〉〈方向〉と一致するものを「最も適切なもの」として選んでください。〈話題〉や〈方向〉の違うものは〈不適切〉です。このようにあくまでも筆者の主張の側から考えることが大切です。選択肢の語句の横に×(バツ)を付けるだけの単なる粗探し(あらさがし)による消去法にならないように気をつけてください。

**問三選択肢**

ア 猫を侍従大納言殿の息女として扱い、夢を脱色しようとするようなこと。
イ 現実を科学の夢の延長ととらえるために、心の分析に努めるようなこと。
ウ 世界を退屈で無意味な荒野にするために夢を分析してしまうようなこと。
エ 事実に連続するものとして夢を理屈のみで扱うようなこと。
オ 夢の分析によって無意識の世界をとらえ、人間の隠れた欲望に迫るようなこと。

アは前半「猫を…息女として扱い」が「彩色」(プラス㊉)側で逆方向だから不適切。

---

選択肢を比較して迷ってばかりいると、何について答えようとしていたかわからなくなってしまう。そして出題者の甘いワナにかかる。今自分は何について答えるのかを大切に。

イの前半も「現実を…夢の延長ととらえる」が「彩色」（プラス⊕）側で逆方向だから不適切。

ウは確かに「脱色」（マイナス⊖の〈方向〉）側ですが、「……ために」とあるから論理的に間違い。「世界を退屈で無意味な荒野にする」ことは「……ために」で表される〈目的〉ではなく、正しくは〈結果〉なので間違いです。〈結果〉と〈目的〉をしっかりと区別してください。「走って転ぶ」のは〈結果〉として「転ぶ」のであって、「転ぶために走る」のとは違います。多くの人は別れるために付き合ったりしません。〈目的〉ではなく〈結果〉として別れるだけです。

エは〈話題〉が問題文に一致しており、「脱色」（マイナス⊖の〈方向〉）側なので正解となります。〈結果〉は行為の後にあるのに対して、〈目的〉は行為の前にある点で、〈順序〉が逆なのです。

オは「人間の隠れた欲望に迫る」などと、問題文にない〈話題〉を含んでいるため（たとえ常識的には正しくても）、間違いです。

**要約例**

現実を夢の延長として語ることで現実に豊饒な夢を与える〈彩色の精神〉とは対照的に、夢を現実の延長として分析し解明する〈脱色の精神〉は、近代の科学と産業を生み出し勝利的に前進したが現代人を退屈させている。（100字）

**解答**

**問一** どんなつまらぬ材料からでも豊饒な夢をくりひろげていく（26字）（16点）

**問二** 夢・幻想（各8点）

**問三** エ（18点）

計50点

現代文は原則として常識ではなく、むしろ常識に反する筆者の主張＝メッセージを問う科目。

Lesson【4】
まとめ

| 内容一致 | 比喩 |
| --- | --- |
| 傍線部の〈話題〉〈方向〉をとらえる | ⊕・⊖をチェック |
| ↓ | ↓ |
| 選択肢の〈話題〉〈方向〉をとらえる | 辞書上の意味を考える |
| ↓ | ↓ |
| 一致する選択肢を選ぶ | 問題文に当てはめる |
| ↓ | ↓ |
| 正解 | 正解 |

**雑音（ノイズ）** 現実によって夢を解釈する「脱色の精神」、夢によって現実を解釈する「彩色の精神」とあり、問題文のなかで科学は前者だとされています。しかし、元素周期表やベンゼン環など、たくさんの科学上の発見が夢によってもたらされたとも言われています。夢は過去の私の体験を睡眠中に分解し、さまざまな結びつきを試みた後で、目覚めるとともに新しい私を合成してくれます。ＡＩに〝夢を見る〟のに近い状態で学習させるという研究もあるそうです。ひょっとすると、人間の可能性は夢の中にあるのかも。分解と合成を行う夢の不思議に、僕自身も、生きる楽しさをもらっています。「生命は絶え間のない流れの中で合成と分解とによってバランスをとっている」という生物学者の福岡伸一さんが唱える「動的平衡」の考えにも通じるように思います。

# Lesson【5】段落・趣旨判定の解答力

林達夫『批評の弁証法』

## 意味段落に分ける

《段落分けがうまくできるようになれば、問題文の構造がつかめるようになったということ。》

### ◆構造をとらえて解答する

まず**問一**。傍線部の直前に「その」という指示語があります。

指示語の指示内容を答える設問は**【3】**で学習しました。解答法を忘れた人は**【3】**に戻って復習してください。

問題文前半

> だから小説家の体験は、彼の人間としての体験とその円心において合致しているものではなく、その二つの円環(ゾーン)は単に相触れているだけでそれぞれ独自の運動をしているのが普通である。小説家的体験が多くの場合彼の生活体験に触発されるにしても、その中に据(す)わりこむということは滅多にないのである。

**傍線部が指示する「二つの」〈対象〉は直前にありますが、〈同値〉の内容をもつ表現は直後にもあります。**

> ①（直前から）「小説家の体験」と「人間としての体験」
> ②（直後から）「小説家的体験」と「生活体験」

しかしここから、どのような言葉を選んで解答を決めるかが問題。かなり難しい設問です。

傍線部の前後を見て、解答の輪郭はわかっても、問題文全体の趣旨をふまえて考えないと正解に近づくことができません。今回のように記述設問が一問だけある場合や、問題文末尾に傍線が引かれている記述設問では、たいてい**問題文全体の趣旨（＝筆者のイイタイコト）をふまえないと正解できない**ので、注意してください。

### ◆対立項から大きく読解する

というわけで、いったん問一を離れて問題文の全体を見渡していきます。まず、冒頭の三つの文から。

---

しっかり復習すると学習が生きる。

記述設問では、この筆者はいったい何が言いたくて問題文を書いたのだろうと考えて。

**問題文冒頭**

森鷗外は大概のことに通じていた全人的人間であったが、その彼にただ一つ知らなかったことがあるとすれば、それは芸術的生産のほんとうの苦しみや喜びであったろうと思われる。彼はあんなにも立派な作品をたくさん書いたけれども、小説家としてはただ多くの貰い子を立派に成人させた模範的養母だったにすぎない。私の想像では、彼があのように異常な熱心さをもって西欧の数多くの小説作品を翻訳したのは、それが彼においてひそかなる創作的代用物となっていたことが少なくともその理由の一部ではなかったろうかと思う。

話題はすべて「森鷗外」。〈同値〉〈対立〉の論理で整理してみましょう。

「森鷗外」＝「全人的人間」＝「ただ一つ（＝芸術的生産のほんとうの苦しみや喜び）」を「知らなかった」＝「模範的養母」＝「小説作品を翻訳（＝創作的代用物）」という具合に〈同値〉の内容を追いかけることができます。

今度はこの部分の表現を〈対立〉で分けて整理し直すと、

A　小説作品を翻訳＝創作的代用物
↔
B　芸術的生産のほんとうの苦しみや喜び

つまり、「鷗外」は「Bを知らないでAを行った」とまとめることができます。

### ◆対立項の変化は話題の変化

次の三つの文を見ていきましょう。

**問題文前半**

一体、小説家というものは、単に現実を再生させるものではなく、かえってむしろ実現を待っている生活、可能の世界における生活を想像の中で創り出しながら、これを生きるものなのだ。だから小説家の体験は、彼の人間としての体験とその円心において合致しているものではなく、その二つの円環（ゾーン）は単に相触れているだけでそれぞれ独自の運動をしているのが普通である。小説家的体験が多くの場合彼の生活体験に触発されるにしても、その中に据（す）わりこむということは滅多にないのである。

さっきと同じように、〈対立〉で分けて整理してみましょう。

> x　現実＝人間としての体験＝生活体験
> 　↔（単に…ではなく＝並列）
> y　想像＝小説家の体験＝小説家的体験

**先ほどと同じように〈対立〉がありますが、〈A↔B〉から〈x↔y〉へと、明らかに対立項が変化しています（そして「単に…ではなく」と並列の説明にもなっています）。**それに伴って〈話題〉も「森鷗外」から「小説家」へと変化しています。

したがってここで、段落を分けることができます。これは問二の解答となりますが、あとでもう一度考えましょう。

## ◆引用部分で確認しよう

このあと「ティボーデだったかが言っているが」（10行目）から始まる二つの文は引用部分のようなものです。引用の箇所は何のためにあるのかを考えながら読んでください。特に引用の前後の箇所で書かれていた主張との〈同値〉を確認してください（具体例のときと同じです）。

「ティボーデ」の考えを紹介するというカタチですが、「小説家」についてのさっきの説明と〈同値〉であることを確認します。

この二つ目の段落は、「小説家」は「単にxではなくy」と主張していたことを確認して、その後の三つの文を見てみましょう。

**問題文後半**

> ところが鷗外のやり方といえば、これとは全然違ったもので、一口にいえば、自分の実際やった経験を与えられた既定事実として眺め返し、それを取捨して組み合わせるという受動的な知的な操作を本領としている。小説家の理知は本来被指導的なものだが、彼においてはそれが圧倒的に指導的となっている。それは彼自ら「歴史其儘（そのまま）と歴史離れ」の中でも明瞭に述べているところだ。

段落分けが苦手な人は、〈対立項〉の変化や〈具体例〉の役割に気をつけよう。

主張ではない引用や例の箇所では内容よりも主張との〈同値〉に気をつけよう。

〈話題〉がまた「鷗外」に戻っています（したがって、ここで段落は分かれます）。「ところが」「これとは全然違ったもので」と、前の部分（「小説家」）と〈対立〉する内容へ向かいます。そして、これは先ほどの問題文冒頭の〈A↔B〉と同じ対立項です。整理してみましょう。

B　小説家の理知は本来被指導的
↔
A　それ（＝理知）が圧倒的に指導的

「鷗外のやり方」（14行目）は〈BではなくAだった〉と説明しています。

**この後は「」に入っている引用部分なので、さっきと同じように繰り返し（＝〈同値〉）の内容を確認しつつ、さらっと読んでいきましょう。**

**◆問題文の構造を把握しよう**

こうして全体は三つの意味段落に分かれました。これを用いて〈構造的思考力〉を働かせます。

1段落（森鷗外はBを知らないでAを行った）
↔
2段落（小説家は単にxではなくy）
↔
3段落（鷗外はBでなくAだった）

この構造により、問題文の全体像は、〈森鷗外はB（＝x＋y）**でなく**A（＝x）だ〉となります。〈森鷗外は小説家的体験を想像のなか（y）で生きることによる芸術的生産（B）を行わず、生活体験（x）を圧倒的な理知によっ

筆者は他人の言葉を引用することで自分の考えの正しさを説明している。

て操作して創作的代用物を作った〈A〉に過ぎない〉と言えるからです。

さあ、これで準備完了。

**全体にかかわる設問は、構造を理解できると、解くのが楽になります。**

## ◆記述は趣旨を踏まえた表現で

これでやっと、**問一**が解けます。ステップ1の冒頭で見たように、「小説家の体験」「小説家的体験」と「人間としての体験」「生活体験」などが傍線の前後にありました。「二つの円環」の内容としてこれらは間違っていません。

でももっとわかりやすい表現はないかと考えることが大切です。特に記述解答では、**問題文の全体像をふまえて、しかもなるべく〈具体的〉〈直接的〉に答えることが大切です。**

傍線部の直前には指示語「その」がありました。【3】で学んだように、指示語が設問に関係するときは、まず指示対象の範囲をおよそでもいいから把握しておくことが大切です。「一体（＝そもそも・もともと）」（5行目）とあって、その直後から「小説家というものは……」（6行目）という形で、指示語「その」の直前まで「小説家」（6～8行目）についての説明が続くので、指示対象は「小説家というものは」（6行目）から直前までの箇所の中にあります。

したがって「二つの円環」は、「二つ」とも「小説家」についてであることがわかります。このように、共通性がとらえられたときは必ず、それを生かします。解答の冒頭に「小説家の」を置いて、その後で「二つの円環」を区別して説明します。また「円環」という比喩も、共に「体験」という〈直接的〉な表現にします。

後は「小説家」の「体験」（B）を二つ（xとyを）書けばよいということになり、二つの内容の違いをはっきりと出すために、y要素の「想像」（＝非現実的）とx要素の「生活」（＝現実的）という〈対立〉的な表現を用いるようにしてください。

また「小説家の」が「二つの円環」＝「二つの」「体験」の両方を修飾することを示すために直後に〈、〉（読点）を入れてください（読点は、【1】の問二の空欄補充 C D でも大切でした）。

**問一の解答は「小説家の、想像上（内）の体験と現実の生活体験。」**（20字）

記述解答は問題文を読んでいない人にもわかるように、なるべく〈具体的〉〈直接的〉に。

因数分解などを習ったときに「共通項をくくれ」と言われる。これはいろいろな時に役立つ教え。

### ◆段落分けは構造の把握から

では、**問二**。問題文の構造を明らかにすると、自然に答えが出てきます。

ということは、出題者の意図も、〈構造〉の把握ができているかを問うことにあります。

意味段落の設問も**【4】**の問三で学習した選択肢の設問と同じように、〈話題〉〈方向〉で考えます。今回の場合、p.50〜p.51で学習したとおり、問題文は〈A（森鷗外）↕B（小説家）↕A（森鷗外）〉というように〈話題〉が切り換わる構造でした。

**問二の解答は第二段落が「一体、小説」。第三段落が「ところが鷗」。**

## step 2　趣旨を判定する《趣旨判定は問題文全体にかかわる設問。問題文の一部だけから答えないように。》

### ◆部分ではなく全体をつかもう

**視野を広げること**については**【1】**で学習しました。

そのことが大切なポイントとなるのが、この趣旨判定の設問です。

**趣旨判定ではいくら問題文と同じことが書いてある選択肢でも、それが問題文の趣旨（＝筆者のイイタイコト）という最も中心的な内容でなかったら間違いとなります。**

では、**問三**の選択肢。

**問三選択肢**

ア　小説家は自己の可能性を掘り当てる坑夫ランプを所有しているものである。

イ　鷗外の本領は、自己の経験を既定事実として、それに知的操作を施すところにある。

ウ　鷗外は全人的人間であったが、ただ一つ、芸術的生産の苦しみや喜びを知ることがなかった。

エ　小説家の理知は本来被指導的なものであるが、鷗外においてはそうではない。

オ　鷗外が西欧の小説を翻訳したのは、それが彼において創作的代用物であったからである。

---

〈話題〉と〈方向〉で意味段落に分ける読解は、選択肢の設問でも記述の設問でも役立つ。

大切なとき、迷ったときは視野を広げてみる。これがコツ。

どの選択肢もすべて問題文に書いてあることを述べています。

したがって、**趣旨判定の設問で、選択肢の間違いを探す消去法に頼っていると、解答が出せなくなります。**

趣旨を思い出してみましょう。問題文全体の〈テーマ〉は「鷗外」。これで選択肢はイ・ウ・オに絞れます。アは「小説家」を、エは「理知」を〈話題〉としているので間違いです。

次に全体の〈構造〉を考えてみましょう。構造は〈A（森鷗外）↕B（小説家）↕A（森鷗外）〉でした。ですから全体の主張は「小説家」（B）と対立する「鷗外」（A）の特徴ということになります。

イは「鷗外の本領」を主語とする文ですから、もちろん「森鷗外」が全体の〈テーマ〉だと述べています。また「自己の経験を既定事実として」「知的操作を施す」と〈結論〉を述べており、「可能の世界における生活を想像の中で創り出しながら、これを生きる」（6・7行目）＝「小説家」とは対立する説明となっているため、「ほんとう」の「小説家とはいえない」（13・14行目）ということを示す〈A↕B↕A〉の構造も踏まえられています。よって正解です。

ウは「全人的人間」↕「知らなかったこと……芸術的生産のほんとうの苦しみや喜び」を踏まえながらも、〈結論〉をとらえていないため、残念ながら正解にできません。本文全体というよりも、本文冒頭だけのまとめになってしまっています。

オは「翻訳した」ことを〈話題〉としていて、問題文全体の〈テーマ〉とは成り得ないので間違いです。

なかなか難問だったと言えるでしょう。

**要約例**

現実を再生させるだけでなく可能な生活を想像の中で創り出し生きるのがほんとうの小説家だが、森鷗外はそうした芸術的生産の苦しみや喜びを知らず、経験を規定事実として眺めそれに理知（＝智）による受動的な操作を行った。（100（99）字）

**解答**

**問一**　小説家の、想像上（内）の体験と現実の生活体験。（20字）（15点）

**問二**　第二段落＝一体、小説　第三段落＝ところが鷗　（各10点）

**問三**　イ（15点）

計50点

消去法を多用していると、あまり力がつかない。どうしてもわからない時だけ使おう。

**採点基準**

**問一**

① 「二つ」の「体験」の説明になっていないものは全体0点

② 「小説家の」…5点

③ 「想像上（内）の体験」…5点

＊「小説家的体験」は2点

④ 「現実の生活体験」…5点

＊「現実の」がないものは3点

＊「生活」のないものは3点

**※要素や表現は、類似の内容ならすべて認められます。**

**雑音（ノイズ）** 「可能の世界における生活を想像の中で創り出す」とあります。小説に限らず音楽も美術も漫画もダンスも、もう一つの現実として存在し、僕らを彼岸へと誘います。その彼岸から現実を見つめ返すとき、この現実もまた一つの奇跡の連続のようで、世界の輝きが感じられます。君の日常も、僕の普段も、間違いなくそれは、たぶん奇跡であり、奇跡の結果なのです。太古から延々とDNAを受け継いで偶然生まれた「ある身体」が分泌した「ある私」が、「この私」「この君」「この彼（彼女）」となった偶然性にこそ、無へと開かれた自由と宿命が同時に存在するように思えます。

## 全体にタイトルをつける《タイトル（表題）は問題文全体の〈テーマ〉と〈主張〉の方向から考える。》

今回の設問には、傍線も空欄もありませんでした。部分の読解が問われているわけではないからです。**問題文の全体像をとらえることが重要です。〈構造的思考力〉の出番です。**

1段落から見ていきましょう。

### ◆〈サンドイッチの構造〉から

**1段落**

> ずっと以前、当用漢字の制限がなかったころ、誤用辞典というものがあった。文章を書くおり、又は談話の中に、お互いの陥りやすい誤謬（ごびゅう）が集めてあって、すこぶる便利なものだった。例えば、病膏肓（こうこう）に入るをたいていの人が病膏盲（こうもう）に入ると言ったり書いたりする。慰藉（いしゃ）を慰籍と覚えている人がある。価値をカチョクと読む人もある。誤用辞典にはそういう間違いがアイウエオ順に並べてあった。

**最初の文と最後の文**に「誤用辞典」とあります。

また三つ目の文は「例えば」から始まっています。「誤用辞典」の内容を示す具体例ということです。

だからここは【2】で学習したのと同じA（仮説）＝A′（例・引用）＝A（結論）という〈サンドイッチの構造〉。

A′（例）の前後のA（仮説）とA（結論）を結びつけ、1段落全体は「誤用辞典には陥りやすい間違い（＝誤謬）が並べてあった」と理解できます。

### ◆段落と段落を結びつけよ

この文章は随筆（筆者の主観を前面に出した文章）ですから、論理を明示するような〈接続語〉〈指示語〉があまり出てきません（あまり使うとニュアンスが消えて文章が単純化するからです）。

---

段落の冒頭と末尾、つまり物事の両端をきっちりつかまえると全体が理解しやすくなる。段落全体でも本文全体でも同じこと。

つまり〈接続語〉〈指示語〉に頼らず、自分で〈論理〉をつかみとっていかなくてはなりません。〈構造〉をつかむために、1段落と2段落の前半を、〈同値〉と〈対立〉という論理の基本でつないでみましょう。

2段落の前半を見てみます。

**2段落**

私達の頭には何か偶然の関係である言葉が初めから間違って入る。だれでも多少は免れない。人によってはこれが非常に多い。言葉に限ってひどく無頓着の人がいる。

今の場合、冒頭に1段落末尾の「そういう間違い」（4行目）と同値の内容が見つかります。

つまり「そういう間違い」＝〈「私達の頭に」「何か偶然の関係で」「初めから」「間違って入る」「言葉」〉（2段落の**冒頭文**）。

そしてその「間違って入る」「言葉」が「人によっては非常に多い」、また「言葉に限ってひどく無頓着の人がいる」と述べています。さらに2段落の後半と3段落は、そういう人の例として「私のかかっていた耳鼻科の医者」を挙げて説明しています。

**◆並列には共通性がある**

4・5段落はどうでしょう。冒頭の部分を見てみましょう。

4冒頭に「言葉の無頓着の人」とあり、今度もやっぱり2段落の「言葉に限ってひどく無頓着の人」（6行目）の具体例。「建築家」＝「父の友人」を取り上げています。この段落はずっとその話。段落の末尾にはこうあります。

**5段落**

人工降雨を試みる。すると必ずどこかに漏るところがある。それほど用意周到の人でありながら、言葉の方は誤植のままで頭に入っている。

仕事では「用意周到」でも、「言葉の方」は「誤植のまま」と述べています。

②・③段落で取り上げられた「私のかかっていた耳鼻科の医者」と同じように、「言葉に限ってひどく無頓着の人」（6行目）の例ですから、④・⑤段落は②・③段落と並列される内容です。

**また逆から言えば、並列されていることが明らかな場合は、必ず共通性（一種の〈同値〉）を読み取ることができます。それが筆者の主張にもつながります。並列とは共通性のあるものを並べて説明する手法です。**

ここでは、言葉をよく間違える人の具体例として、身近な愛すべき人を挙げているということも共通性です。つまり、言葉を間違える人って面白い、楽しいというのが筆者の主張なのです。

## ◆例の種類をとらえよう

⑥段落には合計四つの例が並列されています。

「衆議院議員」（22行目）「財政家」（22行目）「法学博士」（23行目）「文士」（26行目）で、**共通性**はちょっと偉そうに見える人たちです。したがって、どんな人だって言葉の間違いをするというのが筆者の主張です。

⑦段落もまた具体例。筆者である「私」と私の「同僚」の二つが並列されています。共通性は〈私たち〉ということで、言葉の間違いをするのは偉そうな人ばかりじゃなくて自分たちもだと述べています。こうして言葉の間違いについて、筆者はだれかを非難できる立場ではないということになります。

最後の⑧段落は、「寺子屋」を「寺小屋」とするというだれもが間違うような言葉の間違いの具体例であり、「最も普遍的」な具体例を挙げています。

## ◆〈部分〉の共通性から〈全体〉へ

では、**問一**にいきましょう。

**問一**

本文の題として最もふさわしいものを次の中から選び、記号で答えよ。

「本文の題」とありますから、文章の〈全体〉を理解する必要があります。

---

共通性を把握することは案外難しい。でも随筆の読解ではよく要求される。筆者が具体的内容を一般化・抽象化しないことが多いからだ。

【5】でも学習したように、問題文の全体をとらえるためには、とにかく〈構造〉をとらえることが大切でした。**問題文の〈末尾〉まで読み終わったら〈冒頭〉を振り返り見渡して、設問文に行く前に必ず問題文全体の〈構造〉を把握しましょう。ほとんどの大学の入試問題では全体が読めているかを問う設問が出題されます。こうした設問はたいてい配点が高く点差も付きます。**しかもしっかり学習していないと、なかなか解けません。

問題文の〈構造〉を考えてみましょう。1段落は、言葉の間違いが並べてあった「誤用辞典」の話。それに対して2段落から問題文の終わりまではずっと、「言葉」の「間違い」の例とそれをする人の話です。

**こんなふうに問題文は話題によって、まず大きく二段落に分かれていました。**

**そして二つの段落に見られる〈共通性〉は「言葉」の「間違い」。だからこれが全体の〈テーマ＝主題〉でした。**

（このやり方、わかりますね。たとえば私たちは、アイツの性格やワタシの好みといった人の全体にかかわることについて考えるとき、過去のいくつかの場面やちょっとした事件に**共通する部分**を思い浮かべてみるでしょう。そしてそこにある〈共通性〉からその人の全体像を思い浮かべます。それと同じです。）

## ◆表題はまずテーマから

これで問一が解けます。選択肢を見ていきましょう。

**問一**

ア　言語感覚の不思議　　イ　誤用大辞典ヤーイ　　ウ　頭の中の誤植　　エ　誤用に国境なし
オ　ことばは生きていた　　カ　人とことば　　キ　誤用の普遍性に関する一考察

テーマ〈言葉の間違い〉の内容をもつのは、イとウだけです。

イは「誤用大辞典ヤーイ」と楽しい選択肢で、「大」まで付けてあるのですが、「誤用辞典」は1段落だけの話題だからダメです。**部分であって全体の話題とはいえないからタイトルになりません。**また、「誤用辞典」は「ずっと以前……あった」（1行目）と書かれており、いくら「大」を付けても過去の「辞典」の話題なので、正解にできません。

したがって、**問一の解答はウ「頭の中の誤植」**。「誤植」といえば本来は言葉の印刷ミス。でも「頭の中の」とあることからわかるように、ここは比喩表現です。選択肢が比喩を用いた表現であるため、わかりにくかったという人もいるかもしれませんが、本人の仕事や地位や立場と関係なく、「頭の中」に既に言葉の印刷ミス＝言葉の間違いがあるという問題文の主張の〈方向〉も読み取れるので、正解にふさわしいと言えます（選択肢の正解は比喩でもかまいませんが、記述・抜き出しでは正解とならないことが多いので注意してください）。

さあ、できたでしょうか？　エラそうな選択肢もいますから、選択肢の比較などにとらわれると、すっかり迷わされてしまいます。

テーマ〈言葉の間違い〉としっかり見比べれば正解が選べるでしょう。

ア・オ・カには「間違い」の〈方向〉がないからダメ。エ・キには「言葉」という〈話題〉がなく、さらに「国境」や「普遍性に関する一考察」は問題文と関係がないので間違いです。

**大きな視点から見るという態度を維持できれば、間違わないと思います（でもそれが意外に難しいかもしれません）。**

## ◆主張の方向から趣旨をつかむ

**もちろんすべての表題問題が、今のように〈テーマ〉だけを考えれば解けるとは限りません。〈テーマ〉を含む選択肢が複数あると困ってしまいます。**

**そういうときはさらに、筆者の肯定する主張の方向を含む選択肢を選んでください。**

結局それは、問題文の〈趣旨〉をとらえることに近いことになります。

では、**問二**の趣旨（「筆者の考え」）の設問にいきましょう。**【5】**問三の復習ですが、どうも**【5】**とは雰囲気が違います。それはこの文章が随筆だからです。**明確な主張を示す表現は何も出て来ません。でも〈主張の方向〉はわかります。**

1段落と2段落の前半だけが、筆者の直接的な説明でした。あとはそれ以外の具体例の部分から推理していきましょう。

> 問題文全体を大きな視点でとらえていないと、目立つ印象的な一言や場面の一つだけから答えて間違い易い。

2・3・4・5段落……身近な人の言葉の間違いの具体例
6段落……地位や立場のある人の言葉の間違いの具体例
7段落……筆者＝「私」と「同僚」の言葉の間違いの具体例
8段落……最も普遍的な言葉の間違いの具体例

ここから読み取れる**〈主張の方向〉**は、〈言葉の間違い〉というテーマについて、それは〈だれも〉がしてしまうことであり、さらに〈偶然で面白い・楽しい〉ものだということです。

1段落と〈同値〉の関係にあった2段落の冒頭文の「私達の頭には何か偶然の関係である言葉が初めから間違って入る」という直接説明と合わせれば〈趣旨〉ができあがります。

**問二の解答は「だれもが（だれでも）偶然に言葉を間違って記憶し使うことがあるのは面白い（楽しい）。」**（30字）

## step 2　全体から正誤を判別する　《正誤判別は問題文全体をとらえて大ざっぱに、〈話題〉と〈方向〉で見分ける設問。》

**◆ベビーピンクは桃色か**

では、**問三**。

> **問三**　次のア〜エについて、本文の内容に合致するものをA、合致しないものをBとせよ。

**今度はAとBとに判別する設問。**

**同じように選択肢はあっても、〈最も適切なもの〉を選ぶというタイプの設問とは異なります。当然解答法も少し変わってきます。**


随筆では主張の方向から推理して解く設問が多い。評論よりわかりにくい点かもしれない。

出題者のネライは、本文の筆者の主張に沿うものと沿わないものに判別せよ、ということ。

たとえば〈最も適切な色を選べ〉という設問で、〈桃色〉が正解であるときに、ベビーピンクやショッキングピンクを選べば間違いとされますが、「桃色に合致するものをA、合致しないものをBとせよ」という設問では、ベビーピンクもショッキングピンクも桃色とされる。そんなふうに考えましょう。**方向性が合致していれば「合致」という判断です。**

問題文の主張よりも、〈濃い・深い・強い・大きい〉表現や内容をもつ選択肢も、逆に〈薄い・浅い・弱い・小さい〉表現や内容をもつ選択肢も、みんなA（合致）と判別されます（判別問題に限らず、〈最も適切なものを選べ〉という設問でも〈言い過ぎ・言い足りない〉などといった表現の強弱だけを基準にして、選択肢を選んでしまうと、推論すべき正解を選べなくなってしまいますので、注意してください）。

**◆主張の〈話題〉〈方向〉と比べよう**

ではどういう基準で判別するのでしょうか。

**ここでは、問題文全体の筆者の主張から選択肢を見て、**

**筆者の主張と同じ〈話題〉〈方向〉の選択肢は　A**

**話題が〈無関係〉か主張が〈逆方向〉あるいは論理が〈異なる〉選択肢は　B**

と考えてください。

筆者の主張はひとことで言えば、〈言葉の間違い〉は偶然で〈面白い（楽しい）〉ということでした。

各選択肢をそれと同じ〈話題〉〈方向〉か、あるいは〈無関係〉〈逆方向〉〈異なる〉かで判別していきましょう。

| ア |
|---|
| ことばにはそれぞれいわれがあり、そのもとをたどることには知的な興味がそそられる。 |

「いわれ（＝由来）」という〈話題〉は「間違い」という問題文の〈話題〉とは〈無関係〉。また「知的」というのは、「間違い」が〈面白い（楽しい）〉とは〈逆方向〉です。よって、**アの解答はB**。

◆**難解な選択肢は広い視野から**

イ　ことばは生きていて、人間の力でなかなか制御しきれない。そこが厄介であり、面白くもある。

「ことば」という〈話題〉が合っていて、「制御しきれない」＝〈「偶然」の「間違い」〉という筆者の主張と同じ〈方向〉が読み取れて「面白くもある」と言っているので、**イの解答はA**。

なかには**消去法**で解こうとして、「厄介（＝めんどう）」という否定的な言葉の横に×を付けてBにしたという人もいるかもしれません。ですが〈「制御しきれない」という「厄介」〉＝〈「偶然」の「間違い」〉そのものが「面白くもある」わけですから、これでよいのです。

**問題文の大きな主張から考えましょう。視野を広く。まぎらわしい選択肢を正しくクリアーする道です。**

◆**現代文は常識テストじゃない**

ウ　大きな顔をしていても、誤りは避けきれない。そういう人間の限界をわきまえるべきである。

「わきまえる（＝すべきこととすべきでないこととを、心得る）べきである」という〈禁じる〉という方向は、問題文の〈言葉の間違い〉が〈面白い（楽しい）〉という〈許す〉方向とは〈逆方向〉なので、**ウの解答はB**。

ウの内容は常識かもしれないし、いいことを言っているかもしれませんが、問題文とは関係がありません。

**現代文という科目は常識テストではありません。むしろ多くの問題文は常識と異なる自分独自の主張を述べようとして書かれています。**

エ　慎重な人が意外にことばづかいに無神経だったり、ことばや人間の営みには理屈どおりにいかない不思議な面がある。

消去法で間違い探しをやっていると、何が話題で何が主張だったかを忘れてしまう。これが大きな落とし穴になる。

エは「ことばづかい」という〈話題〉も合っていますし、後半の「理屈どおりにいかない不思議な面」＝〈「偶然」の「間違い」が面白い（楽しい）〉と考えられます。また、エの前半部5段落末尾の「用意周到の人でありながら、言葉の方は誤植のままで頭に入っている」と合致しています。

だから**エの解答はA**。

**◆判別問題は大きく見ること**

つぎは、**問四**。これも問三と同じタイプの判別問題です。

| 問四 | 次のア～エについて、本文の批評に合致するものをA、合致しないものをBとせよ。 |
|---|---|

問三が「本文の内容」を問うていたのに対して、問四は「本文の批評」を問うています。したがって問四は問三よりもさらに大ざっぱで間接的な判別を求めています。設問文の違いを前提に考えてください。

| ア | 文を短くし、接続詞もおさえて、歯切れのいい軽快な文章に仕立てている。 |
|---|---|

判断しにくいことを話題にしていますが、大ざっぱに判別するわけですから、**アの解答はA**。

「文を短く」＝ほとんどの文が二行以内（大学入試の現代文の問題文にしては短い方です）、「接続詞もおさえて」＝「すると」の一つだけ（「例えば」は接続語ですが、品詞としては副詞）、「歯切れのいい軽快な文章」＝会話を取り込んだテンポのよい軽やかな文章と考えればよいでしょう。ちなみにここでの「おさえる」は〈くい止める〉の意味。

| イ | 平明な文章をとおして鋭い社会批判を試みている。 |
|---|---|

〈面白い（楽しい）〉と言っている問題文に対して「社会批判」が〈逆方向〉なので、**イの解答はB**。

複数の設問文の違いにも注意してマークしよう。

## ◆上品でも下品でもピンクはピンク

**ウ**

人間の愚かさへのいとおしみを気品ある表現でしみじみと語っている。

選択肢を〈趣旨〉から大きく判別して考えます。「愚かさへのいとおしみ」＝〈「間違い」が〈面白い（楽しい）〉と見ることができます。ですから**ウの解答はAです。**

もちろん「気品」「しみじみ」は主観的なことなので、判断しようがありません。ここは大ざっぱな判別問題なので無視して答えます。上品でも下品でも派手でも地味でも、ピンクはピンクという感じです。

**エ**

研究生活から生まれた思索の世界を対象に、随筆には珍しい太い筋を通している。

「研究生活から生まれた」「思索の世界を対象に」は問題文と〈無関係〉なので、**エの解答はB。**

**要約例**

言葉を偶然に間違って記憶し使うということは、以前誤用辞典があったことからもわかるように、仕事や地位や立場と関係がなく身近な人や自分自身にも起こるし、誰もが書き間違いやすい普遍的な誤りもあって、面白い（楽しい）。（100字）

**解答**

**問一**　ウ　（10点）

**問二**　だれもが（だれでも）偶然に言葉を間違って記憶し使うことがあるのは面白い（楽しい）。（30字）（16点）

**問三**　ア＝B　イ＝A　ウ＝B　エ＝A　（各3点）

**問四**　ア＝A　イ＝B　ウ＝A　エ＝B　（各3点）

計50点

### 採点基準

問二
① 「だれもが」「だれでも」…4点
② 「言葉を間違って」…4点
③ 「記憶し」…2点
④ 「使うこと」…2点
⑤ 「面白い」「楽しい」…4点

※要素や表現は、類似の内容ならすべて認められます。

### Lesson【6】まとめ

**表題問題**

意味段落に分ける

⬇

全体の〈話題〉に合うものを選択

⬇

全体の〈主張の方向〉から決定

⬇

正解

**正誤判別**

〈趣旨〉を把握

⬇

選択肢を大ざっぱにとらえる

⬇

○{問題文の〈話題〉／主張の〈方向〉} ↔ ×{無関係／逆方向／異なる}

⬇

正解

## 雑音(ノイズ)

問題文に「当用漢字」とあります。「当分の間、用いていい漢字」といった意味なのですが、1981年に「常用漢字（＝常に用いていい漢字）」に改められています。

日本軍が連合国（アメリカ・ソ連・中国など）軍に負けて敗戦を迎え、GHQ（＝連合国総司令部）に占領されたとき、漢字廃止論が提唱されました（朝鮮半島や台湾などでも、日本統治下では逆に日本語への強制がありました）。もしも実際に漢字が廃止されてローマ字だけになっていたら、同音異義語の多い日本語は学問を学ぶことのできない言語となり、大学入試もすべて英語となり、現在の日本語作品はすべて存在していなかったでしょう（もちろん書き言葉としての日本語が失われれば、日本語に伴う思考も感性も失われ、世界から多様性の一部が奪われることになります）。実際にはそうならず、「当分の間、用いていい漢字」＝「当用漢字」が制定されたわけです。僕自身も、僕ら一人ひとりが自分という人間の表現者であることを忘れず、誰かと楽しく触れ合える言葉や新しい世界が開ける言葉を見つけたいと思っています。きっとそれは世界と自分の読解にも役立つことでしょう。

どうか言葉とたわむれ、言葉の海に漂い、ときには溺れたり拒否ったり、たった一言に立ち止まったり、言葉にならないよと叫んだりしながら、生きることの痛みや喜びを味わってください。

# Lesson【7】記述・趣旨論述の解答力

堀田善衛『美しきもの見し人は』

## 傍線部の記述説明 《記述説明は単なる言葉の言い換えではない。意味段落全体の理解を示すことが大切。》

今回の問題は東京大学の入試問題です。このような難しい記述式の設問では、文中の言葉を使って切り貼りすれば、解答ができると思わないでください。またこのことは、早稲田大学などの難しい選択式の設問でも同様です。文中の言葉を切り貼りしている選択肢が正解とは限りません。

自分で主体的に考えて理解した内容を記述したり、その内容を前提にして選択したりしなければなりません。

たとえば東大の入試要項には、「主体的な国語の運用能力を重視します」と書かれていますし、京大の入試要項には、「自ら積極的に取り組む主体性をもった人を求めています」と書かれています。

難関大学の入試問題の難しさは、〈主体的〉に考えることができるかということに根差していると言っていいでしょう。

そんなことを意識しながら、この問題にチャレンジしてみてください。

### ◆意味段落に分けていこう

最初の二つの形式段落（15行目まで）が第一意味段落。16行目に「その逆もまた真である」とあって、ここから後は主張の〈方向〉が変わるので第二意味段落。この第二意味段落は28行目の「だから」の前までとなります。「だから」で始まる文は、再び第一意味段落の冒頭の話題「ヨーロッパの美に近づいて行くに**ついて**」に戻っているからです。

したがって、最後の形式段落が第三意味段落ということになります。ここでは「ある本」（リード文）についての筆者の決意が述べられています。

**そして、ぜひ気づいてほしいのは、それぞれの意味段落（＝意味の固まり）にひとつずつ傍線が引かれているということです。これは大きなヒントになるはずです。**

では三つの意味段落（＝意味の固まり）ごとに内容をとらえていきましょう。

そして最後にその三つの内容を〈構造〉の中でとらえ直し、全体を把握しましょう。

「主体的」「主体性」という言葉で大学が求めているのは、〈自分の理解を示せ〉ということ。

### ◆記述入試では設問を仕分ける

**記述入試では、ひとつひとつの設問に解答していく前に、まず各設問がそれぞれ何について問うているかを見渡すことが大切です。**

読解においてすでに問題文全体の〈構造〉をとらえたわけですから、今度はそれに沿って、設問全体の〈構造〉をとらえていくわけです。

まず傍線部の位置を観察することが重要です。今回の場合は、三つの意味段落にそれぞれ一本ずつ傍線が引かれていました。したがって各設問はそれぞれが所属している意味段落全体の理解を問うものであると推理できます。

問一は傍線部Aを使って、第一意味段落〈「非西欧」→「西欧」の美に近づいていく道〉について説明しろというわけです。

問二は傍線部Bを使って、第二意味段落〈「西欧」→「非西欧」の美に近づいていく道〉について説明しろというわけです。

問三は傍線部Cを使って、第三意味段落〈「私」→「西欧」の美術についての「本」〉について説明しろというわけです。

また、このように設問を仕分けた後で確認すべきことは、問題文の重要な内容や論理が抜け落ちていないか、また重複していないかということです。

（記述入試は一般的に問題文の内容を〈モレなくダブリなく〉（＝MECE（ミーシー）の法則＝Mutually（互いに）Exclusive（重複せず）Collectively（全体に）Exhaustive（漏れがない）という法則に従って）解答することが要求されるからです。）

ただし、今回の問三は「本文全体の趣旨を踏まえて」と指定された趣旨論述なので、問一や問二の解答の概略も取り込んで記述します。

### ◆傍線部を客観的に把握

**記述設問に解答するときには、読解するときと同じ思考の手順を守ることが大切です。ここでも〈①客観的思考→②論理的思考→③構造的思考〉が大切です。**

**では問一から。**

---

書類やアンケートに記述で回答する際に、〈長所〉と〈特技〉の欄があれば、〈長所〉の欄に特技を記入しないけど、〈長所〉の欄しかなければ特技も記入すればいい。〈郵便番号〉の欄がなければ〈住所〉の欄に郵便番号の記入が求められる。記述式の解答はいつも他の設問の影響を受けるもの。

**問一**

「無理と努力の報酬としての感動がある、というかたちになっている」（傍線部A）とあるが、なぜそうなるのか、わかりやすく説明せよ。

まずは必ず傍線部を含む一文を読んでください。

**A**

そうして、この無理と努力の報酬としての感動がある、というかたちになっている[A]ことが大部分の例であろうと思われる。

今回の場合、出題者が、「そうして」という接続語と「この」という指示語を傍線部から除外しています。こうしたこともカタチからとらえていく重要な〈客観的思考〉です。

このことから、この設問は、接続語や指示語とかかわる傍線部の前の部分だけを受けてまとめるといった設問ではないということが理解できます。**出題意図は傍線部の範囲によっても示されるので注意が必要です。**

次に、**傍線部の言葉をカタチに沿ってとらえていきます。**

〈Xの報酬としてのYがある〉というカタチから、傍線部Aは〈X＝「無理と努力」の結果としてY＝「感動」が得られる〉ということを述べていることがわかります。

また、「無理と努力」（という緊張の方向）と「感動」（という解放の方向）の間には、大きな開きがあるので、このつながりを説明することも要求されていると理解できます。

つまり、問一は第一意味段落〈「非西欧」→「西欧」の美に近づいていく道〉における〈「無理と努力」→「感動」〉という大きな開きのある因果関係を説明せよという設問だと〈客観的〉に分析できます。

**◆傍線部を論理的に把握**

今度は傍線部を〈論理的思考〉で分析していきます。

まず傍線部には、「無理」「努力」という抽象的な言葉が並列されていました。したがって、この言葉を具体的な表現を使って説明する必要があります。しかも「無理と努力」とあって、〈無理や努力〉ではないため、「無理」と「努

一文単位、形式段落単位で読解する〈客観的思考〉の習慣をつけること。

力」それぞれを区別して使っているので、ここでは二つの言葉を見比べておかなければなりません。「無理」は〈対象〉に合わせる〈受動的〉な態度であるのに対して、「努力」は〈対象〉に迫る〈能動的〉な行為です。それぞれを具体化して説明します。**問題文の〈同値〉の関係を踏まえて、「無理」=〈日本人の生活感情を抑圧する〉、「努力」=〈西欧の伝統を正統として勉強する〉となります。**

次に、ではなぜそれが「感動」につながるのか。まず「感動」とは感情を示す言葉なので、感情の〈主体〉と具体的な〈対象〉をとらえていきます。問題文の冒頭から「感動」の〈主体〉=「日本人」、〈対象〉=〈西欧の美〉と考えることができます。傍線部には「報酬としての感動」とあります。「報酬」とは〈仕事の対価として給付される金品〉のことですから、何か得をすること(⊕内容)があるということです。「感動」という⊕内容がありましたが、では「日本人」は、「なぜ」この「無理と努力」をしてまで「感動」を求めたのでしょうか。

**◆傍線部を構造的に把握**

そこで、第一意味段落全体を見渡すために〈構造的思考〉を用いて考えます。解答は〈「非西欧」→「西欧」の美に近づいていく道〉についての説明になっていなければなりません。また、重要な内容や論理を〈モレなく〉説明できているかも考えなければなりません。

「ヨーロッパの美に近づいて行くについて…いかにも異端的な道をたどったものだ」(1・2行目)から「非西欧地域の西欧観、あるいは近代化というものにともなう、それは避けて通ることの出来なかった道なのであった。」(14・15行目)までの間に傍線部Aが位置していたことを確認しましょう。

「ヨーロッパの美に近づいて行く…私」は「非西欧地域の西欧観」をもち、「異端的な道」=「近代化…にともなう…道」であったということも貴重なヒントとなってくれます(「ともなう」は、解答を作るときに漢字を使って〈伴う〉としても意味は変わらないので大丈夫です)。

またここに出てくる「近代化」は現代に生きる私たち誰にとっても(筆者にとっても)無視することのできない大切な言葉ですから、解答に入れておく必要があります。傍線が「…というかたちになっている」の部分にも引かれていたということは、「近代」という時代固有の制度のことを解答するように求めています。

---

「近代」が関わるときはたいてい記述解答で用いることになる。

〈感情〉の説明では、必ず〈主体(=誰)〉の〈対象(=誰・何)〉に対するものかという、ベクトルの根本と矢先の両方を明確に記述。

区別をはっきりさせるためには、見比べることが大切。これもまた〈論理的思考〉。

これでやっと「報酬としての感動」へのつながりがわかりました。「日本人」にとって「近代化」に伴う道が「避けて通ることの出来なかった道」だから、「無理と努力」をしてまで「感動」を求めたわけです。

傍線部の話題や分析から要求される情報は以下の三つです。

①「感動」⇑〈「日本人」→「西欧」の「美」に接する（近づく）〉

②「無理」⇑〈「生活感情」を抑圧〉

③「努力」⇑〈「西欧」の伝統を「正統」として「勉強」〉

そして大きな文脈から傍線部全体を意味づけて、

④「かたちになっている」⇑〈②③が「近代化というものにともなう」「避けて通ることの出来なかった道」〉

を記述することが大切です。

**問一の解答例は「日本人が西欧の美に接する（近づく）には、生活感情を抑圧し西欧の伝統を正統として勉強するという近代化に伴う道を避けて通れなかったから。」**

### ◆傍線部の範囲に注目する

では**問二**です。問一と同じ手順で進めます。

> **問二**
>
> 「私としてはそういう彼女らに、半分がたは同感し、同情できるように思った」（傍線部Ｂ）とあるが、「彼女ら」は「私」にとってどういう意味をもつ存在か、わかりやすく説明せよ。

まずは〈客観的思考〉が必要です。**設問文が他の設問に比べて長いというカタチへの観察も重要。単純に傍線部の内容や傍線部の理由を尋ねているわけではありません。**

「どういう意味をもつ存在か」ときかれているのですから、「彼女ら」が「私」にとってどういう「意味」をもつかを答えなければなりません。

したがって、ただ「彼女ら」（＝「西欧人」）も「私」も異質の美に近づくには「無理と努力」（10行目）を避けて通

---

傍線部の語句の言い換えだけにならないように。「主体的な国語の運用能力」が求められる。

ることができないといった事実を答えても解答とは認められません。そんな事実は、「彼女ら」と出会う前から「私」にとってわかっていたことなので、「彼女ら」の「意味」とはなり得ません。

問二は傍線部Bを使って、第二意味段落〈「西欧」→「非西欧」の美に近づいていく道〉について説明しつつ、「彼女ら」が「私」にとってどういう「意味」をもつ存在であるかを記述する設問です（問一で答えた第一意味段落や問三で答える第三意味段落の3以外について必要以上に深入りして書く必要はありません）。

東京大学は近年「出題の意図」の中で、どのような力を求めているかを明記しています。大学の教師は、国公立や私立の違いも越えて、さまざまな大学を移動する人も多いため、難易度は違っていても、どこの大学の記述入試を受験する際にも役立つと思いますので、これを転載しておきます（最新のものを見たい方は、ネットで検索してみてください）。以下の三点が明記されています。ぜひ参考にしてください。

| |
|---|
| ① 論旨の展開を正確にとらえる読解力<br>② 簡潔に表現する記述力<br>③ 長文によって全体の論旨をふまえつつまとめる能力 |

### ◆〈客観的〉〈論理的〉〈構造的〉に解答

では、傍線部Bを〈客観的〉に観察していきましょう。

| B |
|---|
| 私としてはそういう彼女らに、半分がたは同感し、同情できるように思った。 |

「そういう彼女ら」がどういう「意味」をもつ存在であるかを考えるためにまず、「そういう彼女ら」が指示している内容を前段落（16〜23行目）から〈客観的〉に探していきます。「彼女ら」とあるので、指示対象は「モスクワのある女性」（16行目）と「スイスの娘」（22行目）です。〈二人〉の存在が並列されていました。したがって「そういう彼女ら」が指示している内容は、〈二人〉の〈共通性〉である〈非西欧〉の美を否定する〈西欧人〉ということです。

次に〈論理的〉に傍線部を考察していきます。

「彼女ら」とは「その逆もまた真である」（16行目）とされる内容の具体例であることから考えると、自分の育った日本の伝統ではない西欧の伝統を正統として〈西欧の美に近づこうとする〉「私」の「逆」ですから、自分の育った西欧の伝統を正統として〈非西欧の美に近づこうとしない（＝否定する）〉存在だと把握できます。

「同感し、同情できる」という感情を示す言葉があるので、その感情の〈主体〉と具体的な〈対象〉を把握しておく必要があります。「同感」「同情」の〈主体〉は「私（＝自分）」、〈対象〉は〈「西欧」の〈伝統〉だけを「正統」とする「西欧地域」の非西欧観〉と考えることができます。そしてそのように「同感」「同情」できるのは、〈自分が西欧人と同様に西欧の美に親しんでいる〉からです。だからこそ「私」は、西欧の「美術についての私的な感想を書いて」（28・29行目）本にしようとしています。

さらに「半分がた」を説明するためには、残ったもう「半分がた」の説明も必要です。「半分」は〈全体〉を前提とした二次的認識を示す言葉です。二次的認識の内容は原則として二つの部分に分けて二段階で説明していく必要があります。傍線部直後に「ここで半分がたは、という曖昧なことばを使ったのは、こういうことは量であらわすことのできないこと」（24・25行目）とあるので、これは「量」ではなく〈質〉の問題。つまり「私」における美の正統はあくまで「東方」（26行目）＝日本の伝統であったということです。だから「私」は「彼女ら」にもう「半分がた」の違和感と反発も覚える、ということになります。

最後に第二意味段落を〈構造的〉にとらえるために、傍線部を含む意味段落全体を見渡しておきましょう。第二意味段落の冒頭は「その逆もまた真である。」（16行目）となっており、末尾には「自分というものの姿が、彼女らとの会話の間に現前して来ていた」（26・27行目）とあります。

ここから、〈「西欧」→「非西欧」の美〉を拒否する「彼女ら」への違和感と反発が、「日本」の伝統を正統として育った非西欧人（日本人）である「私」の「姿」を自覚させてくれたという点で、「彼女ら」が「意味をもつ存在」であると読み取ることができます。設問文にあった「意味をもつ存在」は、解答を決定づけるとても大切な表現でした。設問文の形式にも注意してください。

**問二の解答例は「自分が西欧人と同様に、西欧の美に親しんでいる半面、西欧の伝統だけを正統とする西欧人とは逆に、自分が日本の伝統を正統として育った非西欧人（日本人）であると自覚させてくれる存在。」**となります。

step 2

## 趣旨を踏まえて論述 《全体の趣旨の展開を踏まえて説明できることが本当に問題文を理解できた証拠。》

**◆問題文の〈構造〉から考える**

**問三の設問文には「本文全体の趣旨を踏まえて」とありますので、「全体の趣旨」を踏まえるために、ここでは傍線部自体の読解よりも、先に問題文全体の〈構造〉を把握しておきましょう。**

**◆〈末尾〉から〈冒頭〉を振り返って考える**

傍線部Cは問題文末尾の文の一部ですから、問題文冒頭の部分に戻って、問題文全体の〈構造〉を見渡していきます。

問題文の冒頭部には「私は…いかにも異端的な道をたどったものだと思う」（1・2行目）とありました。さらに[1]段落で「われわれ（＝「日本人」）の内なる自然…を殺してかかるか、またはどこかへ押しこめたり目をつぶったりしてかからなければならぬ」と述べていました。

つまりかつて「われわれ（＝「日本人」）の内なる自然…を殺してかかるか、またはどこかへ押しこめたり目をつぶったりしてかからなければならぬ」と思ってきた「異端的な道」をやめ、「羽左衛門」と同じように〈自分の自然を保つ〉〈正統な道〉をたどろうということです。

第一意味段落で筆者は、「ヨーロッパの美に近づいて行く」（1行目）ことについて、

> ヨーロッパの正統
> ↕
> 私＝異端的な道

という立場に立ち、その「正統」について説明していたにもかかわらず、第三意味段落では「ヨーロッパの正統だけが、ヨーロッパを視るについての正統である筈がない」（33・34行目）と宣言して、「歌舞伎の羽左衛門」（34行目）の言葉などを利用して、自分には自分の「正統」があると語っています。

> 「xを踏まえてy（傍線部）を説明せよ」という設問では、先にxから考えるように。y（傍線部）から先に考えてしまうと、xではなくyを踏まえた中途半端な記述答案になってしまう。

筆者の考えは見事な〈変化〉をとげたわけですが、そこには必ず〈根拠〉〈理由〉があるはずです。それが第二意味段落の「彼女らとの会話」（27行目）によるものでした。筆者は、〈自分が日本の伝統を正統として育ってきたことを自覚した〉わけで、それが〈根拠〉〈理由〉となったのです。

ですから問題文全体の構造は、

第一意味段落（A）→第二意味段落〈根拠・理由〉→第三意味段落（B）
（A）↔（B）

となります。

この設問では「私」の「心持」が問われているので、「彼女らとの会話」そのものの内容よりも、それによって「私」の「心」に生じたことに的を絞って記述してください。

**◆設問箇所を〈論理的〉に把握**

この構造を踏まえて、今度は設問箇所を〈論理的〉に把握していきます。このように、**問題文の全体を踏まえて答える設問は、問一～二などとは逆に、①構造的思考→②論理的思考→③客観的思考の順で考えた方が解きやすいでしょう。**

設問箇所の「そういう心持」は、すでに問一で解答した第一意味段落の〈西欧の美に接するとき、生活感情を抑圧し西欧の伝統を勉強するという近代化に伴う道をたどってきた〉今までの筆者と対立する「心持」です。このように、記述入試ではすでに解答した内容が別の設問のヒントにもなります。**設問同士の関係を考えることはとても大切です。**

**◆段落同士の関係から考える**

傍線部Cを含む段落の冒頭に「だから」（28行目）とありますから、前段落の内容を〈根拠〉にして傍線を含む段落の主張が始まっていることがわかります。

前の段落で「私」は〈西欧の美に親しんでいる半面、あくまで自分にとっては日本の伝統が美の正統であった〉という自覚に達したのですから、この先に何があるかというふうに考えればいいでしょう。

---

「全体の趣旨を踏まえて」などとあれば、まず全体を先に考える。

このことを頭に入れて、段落内にある〈同値〉の関係をチェックしていきましょう。

美術についての私的な感想を書いて行くについて
↓なるべく努力をしない、勉強をしない
＝
異質の美に接して
↓無理と努力、勉強をできるだけしないで、出来るだけ、最大限に自分の自然を保って見て行きたい
＝
いかなる巨匠の、いかなる圧倒的な傑作と世に称されるものであろうとも
↓滑稽と思われたら、それを滑稽と言う自然を保って行きたいし、つもりとしてはそうして来たつもりでもあった
＝
むかし歌舞伎の羽左衛門がヨーロッパへ行って
↓「なんだ、どれもこれもみな耶蘇じゃねえか……」と言った
＝そういう心持（傍線部C）を私としても保って行きたい

見事にずっと同じことしか言っていません。筆者は同じことを叫んでいるわけです。また〈話題〉は第一意味段落に戻っていますが、ここで主張していることは、第一意味段落と対立する〈方向〉です。第二意味段落で「彼女ら」によって目覚めた筆者は、もう第一意味段落の筆者ではありません。そして第三意味段落には、一か所だけ冷静に〈根拠〉の説明をしているところがありました。見落とさないようにしてください。「ヨーロッパの正統だけが、ヨーロッパを視るについての正統である筈がないからである」（33・34行目）という一文です。ここから筆者の思いが〈自分の正統〉に向かっていることがわかります。

筆者は〈日本人としての自然を保つことを自分の正統だと思う〉と考えているわけです。これが解答に必要な内容となります。

「そういう心持」とは、具体例の前に書かれていた〈西欧の美に接するとき、日本人としての自然を保ちたい〉という「心持」だったわけです。

「…からである」などの理由説明のカタチには注意が必要。

◆**傍線部を〈客観的〉に把握**

傍線部Cを〈客観的〉に観察していきましょう。

> **C**
> むかし歌舞伎の羽左衛門がヨーロッパへ行って「なんだ、どれもこれもみな耶蘇（ヤソ）じゃねえか……」と言ったという、そういう心持を私としても保って行きたい。

傍線部に「そういう心持」とあります。問二と同じように、**まずは「そういう」という指示語が指す内容を〈客観的〉に考えてみます。【3】の問二でも学んだように、「そういう」という指示語は〈抽象的な意味〉を指し示す言葉です。**

指示語直前の「むかし歌舞伎の羽左衛門が…と言ったという」（34・35行目）を受けていますので、「そういう」とは〈「羽左衛門」のような〉ということになります。「羽左衛門」は「ヨーロッパへ行って『なんだ、どれもこれもみな耶蘇（＝イエスの中国音訳の日本読み）じゃねえか……』と言った」わけですが、「羽左衛門」はヨーロッパに行っても、日本的な「耶蘇」という言葉を使い続けており、ヨーロッパの伝統に合わせるということがなかったわけです。したがって、その前に書かれていた、西欧の「異質の美に接して」（30行目）も「自然を保って」（31行目）いた日本人の具体例と言えます。

また「羽左衛門」は、「歌舞伎」という日本の伝統に深くかかわる日本人の具体例でもあります。

したがって、「そういう」は〈西欧の異質の美に接する際に日本人としての自然を保つ〉ということを指していると把握できます。

つまり、「私（＝自分）」も、羽左衛門の例を受けて、〈西欧の美に接するとき〉に〈日本人としての自然を保つ〉という「心持」をもとうと思ったわけです。

まだチェックしていないのは末尾の「〜て行きたい」（35行目）の部分です。「〜て行きたい」という言葉のカタチは、これから行うことに関して述べる表現形式です。いったい筆者はここで何について「〜て行きたい」と述べているのでしょうか。

ここまでの説明から〈西欧の美に接するとき〉のことであると推理できますが、これだけでは〈具体的〉ではありません。ここで、出題者が直接的に受験者に情報を提供しているリード文が役立ちます。

「次の文章は、ある本の『序』である」と書かれています。「序」ということは、これから読者が読んでいく「本」に

---

> 傍線部の指示語が指す内容は、傍線部説明の前提となる。

ついて筆者が書いているわけですから、ここでは〈今西欧美術についての本を書くに際して〉のことだったと具体化して理解することができます。

## ◆長文記述の作成手順

一〇〇字を超える長文の記述答案では、いきなり頭から書き始めるのではなく、作成する手順について考えることが大切です。

一般的に、**次の三つの手順に従い、簡単なメモなどをとってから記述する方がいいでしょう。**

> ① 傍線部など設問箇所に直接つながる〈着地〉、要約の〈結論〉などにあたる内容が記述答案の最終部分になると考えてメモをとる。
> ② ①の最終部分の内容に対して、〈対比〉〈前提〉となる内容や以前の状況・条件などが冒頭部分になると考えてメモをとる。
> ③ ①と②の間をつなぐ〈根拠〉〈理由〉〈過程〉〈きっかけ〉などが、記述答案の真ん中辺りにくると考えてメモをとる。

実際に解答を書くときの配置では、②→③→①の順序となります。図示するとこんな感じです。

三つのメモ

> ②〈対比〉〈前提〉
> ←③〈根拠〉〈理由〉〈過程〉〈きっかけ〉
> ←①〈着地〉〈結論〉

ここでの①は、設問箇所そのものの説明となる〈今西欧美術についての本を書くに際して、日本人としての自然を保ちたいということ〉です。

ここでの②は、①の〈今〉の説明と、〈対比〉される内容、〈前提〉となる条件あるいは以前の状況である〈今までは西欧の美に接するとき、生活感情を抑圧し西欧の伝統を勉強するという近代化に伴う道をたどってきた〉です。

ここでの③は、①から②への変化の〈根拠〉〈理由〉〈過程〉〈きっかけ〉とも言える〈自分が日本の伝統を正統として育ってきたことを自覚したので〉ということです。

今は①〜③を文の形で説明しましたが、実際のメモは単語の羅列で構いません。

これを②→③→①の順序で配列して記述します。問三の解答が、問一や問二の解答と重なるところが多くて驚いた人もいるかもしれませんが、この問三が「本文全体の趣旨を踏まえて」とあるように趣旨論述の設問だったからです。また、さらに、この文章が随筆的であったことも関係しています。「私」(筆者)の具体的で個人的な体験が語られていましたね。ポイント38(「問題・読解ノート」p.94)を思い出してください。随筆では〈繰り返し内容〉が結論を作り出していきます。

したがって、**問三の解答例は「今までは西欧の美に接するとき、生活感情を抑圧し西欧の伝統を勉強するという近代化に伴う道をたどってきたが、自分が日本の伝統を正統として育ってきたことを自覚したので、今西欧美術についての本を書くに際して、日本人としての自然を保ちたいということ。」**(120字)

**要約例**

西欧の美に接するときには、西欧の伝統(美・文化)を正統とし無理と努力(勉強)をして来たが、非西欧の美を否定する西欧人と出会い、西欧美術の本を書くについて、日本人としての自然を保つことが自分の正統だと考えたいと思った。(98(94)字)

**解答**

**問一** 日本人が西欧の美に接する(近づく)には、生活感情を抑圧し西欧の伝統を正統として勉強するという近代化に伴う道を避けて通れなかったから。(12点)

**問二** 自分が西欧人と同様に、西欧の美に親しんでいる半面、西欧の伝統だけを正統とする西欧人とは逆に、自分が日本の伝統を正統として育った非西欧人(日本人)であると自覚させてくれる存在。(16点)

**問三** 今までは西欧の美に接するとき、生活感情を抑圧し西欧の伝統を勉強するという近代化に伴う道をたどってきたが、自分が日本の伝統を正統として育ってきたことを自覚したので、今西欧美術についての本を書くに際して、日本人としての自然を保ちたいということ。(120字)(22点)

計50点

**採点基準**

**問一**
①「日本人が西欧の美に接する（近づく）」…3点
②「生活感情を抑圧し」…2点
③「西欧の伝統を勉強する（学ぶ）」…2点
④「正統として」…2点
⑤「近代化」…3点

**問二**
①「自分が西欧人と同様に」…3点
②「西欧の美に親しんでいる」…3点
③「西欧の伝統を正統とする西欧人とは逆に」…3点
＊「西欧人とは逆に」だけでは1点のみ
④「日本の伝統を正統として育った」「非西欧人（日本人）である」のいずれか…4点
⑤「自覚させてくれる」「教えてくれる」…3点

**問三**
①「西欧の美に接するとき」…2点
②「生活感情を抑圧（＝抑え）」…2点
③「西欧の伝統を勉強」…2点
④「近代化」…3点
⑤「日本の伝統を正統として育った」…3点
⑥「自覚した」…2点
⑦「西欧美術の本を書く」…4点
⑧「日本人としての自然を保つ」…4点

**※要素や表現は、類似の内容ならすべて認められます。**

Lesson【7】まとめ

| 長文の趣旨論述 | 傍線部の記述説明 |
|---|---|
| 〈末尾〉→〈冒頭〉で全体をとらえる | 意味段落に分ける |
| ⬇ | ⬇ |
| ①構造→②論理→③客観の順序で思考 | 設問同士の関係をとらえる |
| ⬇ | ⬇ |
| ①着地・結論→②対比・前提→③つなぎの順序で作成 | ①客観→②論理→③構造の順序で解答 |
| ⬇ | ⬇ |
| 正解 | 正解 |

**雑音**（ノイズ）ヨーロッパの面積は地球の陸地の7％以下、人口も世界の10％程度。かつては戦争ばかりしている比較的貧しい地域でした。けれど産業革命を起こして近代を生み出し、ヨーロッパは自らを先進国とし、科学を用いて世界を植民地化しました。近代化を受容する非ヨーロッパの、あこがれの場所へと変貌していきました。誰もがヨーロッパの美に近づこうとした時代がありました。今でもプレタポルテ（＝高級既製服）の世界4大コレクションは、ニューヨークとともに、ミラノ・パリ・ロンドンで開かれます。「美」という日本語も、多くの言葉と同様、オランダ語から翻訳されて定着しました。人間の最高の理想と教えられる「真善美」という価値は、ヨーロッパの伝統やイマヌエル・カントの近代哲学に基づくものです。「自然」「恋愛」「自由」も、元はヨーロッパの言葉。かつての日本には「色好み」はあっても「恋愛」はありませんでした。元来の意味を学べば、それを翻訳して変質させてきた日本人の特性も見えるでしょう。public（パブリック）から「公共」という言葉ができたけれど、public（パブリック）house（ハウス）は「酒場」。「公共」は public（パブリック）とずいぶん違っています。

### ◆たとえば「自分の身近な問題」

人間の悩みの多くは、人間関係に関わるものだと言われています。

もしも友達との関係がうまくいかなくなって、その理由がわからないとき、僕らはどうしたらいいのでしょう?

こんな問題にも三つの思考法が役立つかもしれません。

たとえば彼（彼女）がいきなり口をきかなくなったとする。悲しいし、淋しいし、とっても不安になる。でもだからこそ、いろいろ考える。最近自分が言ったことがマズかったのかな。

そんなときは客観的に考えてみます。まずカタチを見出すことが必要です。どんなカタチで友達とうまくいかなくなっているのかを観察する必要があります。焦りつつも、落ち着け落ち着けって思って、けんめいに考える。相手の言動、態度や表情、SNSから、彼（彼女）の考えていることに、耳を澄まし、目を凝らします。これがカタチを見出す客観的思考。

友達の思いが少し想像できたなら、今度は自分と友達を見比べてみます。自分だったら、こう思ったりこうしたりするけど、彼（彼女）は違うのかな。これが論理的な思考ですね。二人の間の〈同値〉と〈対立〉をとらえます。性格、趣味、目標、環境などにおいて、どういう点で共通していたり類似していたり共鳴していたりするのか、またどういう点で異なっていたり食い違っていたり対立していたりするのか。自分が気にしないことを、相手は気にするのかも。

そして最後に構造的に見渡して考えます。自分と相手がいま、高校生活や人生全体においてどんな位置にいるのか、どんな歴史をたどり、どんな目標や夢に向かって進もうとしているのかを考えてみます。でもそんなことより、どうしても口をきいてほしいし仲良くしたい。どうにかして関係を修復し、また楽しい時間を一緒に過ごしたい。そしてもしも、そう思えなくなったなら、互いの成長ゆえに別れる時が来たと思えばいいのでしょう、きっと。

◆たとえば「興味のある話題」

集団でゲームやスポーツをやっていて、もっと強くなりたいときにも、三つの思考法は役に立つかもしれません。

まずは敵や味方の主観、つまり望んでいることや考えていることを、その動きや構えや態度から客観的に把握してプレイをすることが大切でしょう。味方の望んでいること、敵の望んでいることを知ってプレイできれば、いい結果を生み出しやすくなります。自分なんて他人から見た他人ですから。他人の視線で自分を見ることができると、少し自分のことがわかったりします。

次に相手と自分たちとのプレイスタイルや連携における〈共通点〉や〈相違点〉といった〈同値〉と〈対立〉を把握し、より有効な戦略やつながりやフォーメーションを生み出せれば、強くなれるでしょう。これが論理的思考。

そして最後に構造的思考です。トップアスリートと呼ばれるプレイヤーはいつどこで自分が集中力を高め、パフォーマンスの精度を上げるべきかを、試合全体を振り返り、コートやピッチ全体を見渡して的確に知ることができます。僕らもそうありたいものです。

当初はあり得ない早さで倒されていたオンラインゲームでも、二、三年経てば全体を俯瞰（ふかん）できるようになっていることでしょう。驚きのプレイスタイルの人がマッチングされたりすることもありますが、それもまたオンラインの醍醐味。客観的に見てその人の得意なことを見つけ、論理的に考えて自分ができるフォローを行い、自分のチームと刻々と変わりゆく全体の状況を見渡して、どうすれば今回のマッチで勝ち残れるかを考える。それはすでに君たちがやってきていることかもしれませんね。

ところで、君はいったいどんなことについて考えたのでしょうか？

それを知ることができないのが、残念です。

このレッスンは、今後の成長に三つの思考法を役立ててほしいと思って付け加えました。

蛇足だったかもしれません。

最後までお付き合いをいただき、ありがとうございました。

見えない自分の力を信じ、

夢に向かって進んでください！